SERIES SELECTIVAS DE BÉISBOL CUBANO (1975-1995)

Esteban Romero

SERIES SELECTIVAS DE BÉISBOL CUBANO
(1975-1995)

Esteban Romero

Edición: octubre 2022
Deportiva RELR- I

ISBN: 978-84-09-41488-8

A mi padre y a mi primo Tini, los mejores
aficionados al béisbol que haya conocido

Índice

Prólogo 1

I Serie Selectiva (1975)...3

II serie selectiva (1976)..11

III Serie Selectiva (1977) 19

IV Serie Selectiva (1978)...27

V Serie Selectiva (1979) 37

VI Serie Selectiva (1980)...45

VII Serie Selectiva (1981)...53

VIII Serie Selectiva (1982)..61

IX Serie Selectiva (1983)..69

X Serie Selectiva (1984) 77

XI Serie Selectiva (1985)..85

XIII Serie Selectiva (1987) 101

XIV Serie Selectiva (1988) 109

XV Serie Selectiva (1989) 117

XVI Serie Selectiva (1990) 127

XVII Serie Selectiva (1991)...137

XVIII Serie Selectiva (1992) 145

XIX Serie Selectiva (1993) 155

XX Serie Selectiva (1994) 163

XXI Serie Selectiva (1995) 169

Epílogo 175

Prólogo

El béisbol amateur cubano posterior a 1961 tuvo un alza ascendente en las primeras series nacionales. Esa calidad en aumento se creyó que continuaría y sin límites. Fue así que se amplió el número de equipos por provincias y a nivel nacional a partir de la VII Serie Nacional (1967-68). Realmente era una selección usualmente fuerte y un campeón ligeramente reforzado por cada provincia. En ese momento Pinar del Río no tenía la calidad de peloteros que posteriormente desarrollaría, por lo que los conjuntos a discutir los campeonatos eran los dos representativos de la antigua provincia Habana, además de las selecciones de Las Villas, Oriente, Camagüey y Matanzas. Eso daba cinco contendientes y 7 equipos de segunda fila.

Por razones que no se puede entender, el aumento de equipos continuó, a partir de la XII Serie (1972-73), cuando la Habana y Oriente presentaron tres equipos cada una, mientras que el resto de las cuatro provincias jugaban con sus selecciones y campeones provinciales, para un total de 14 conjuntos. Si bien la Habana vino con su fuerza acostumbrada, Oriente se debilitó. Las Villas mantuvo su juego y calidad, por lo que su selección Azucareros se convirtió en rival principal de los equipos capitalinos, pero a partir de 1973 cuando no era Industriales, era el Habana, y la capital reforzada con peloteros del interior de la provincia y de la Isla de la Juventud se alzaban con el título.

El béisbol es deporte y espectáculo muy seguido por los cubanos. Se puede decir que el béisbol y el cine son los dos entretenimientos de la población y parte de su cultura. Si los equipos que compiten salen a perder casi siempre contra conjuntos casi invencibles de tremenda calidad, pues entonces se pierde el interés. Eso fue lo que provocó esa inflación innecesaria de conjuntos, aparte de ser un derroche de medios que el país no debió permitirse.

La llegada de las Series Selectivas fue como una salvación. La calidad de los conjuntos provinciales se concentró esta vez, y su organización, en buena medida, respondía a la necesidad de elevar el nivel de los peloteros cubanos para futuras confrontaciones regionales e internacionales. Los buenos peloteros de las seis provincias tuvieron que enfrentarse con la debida frecuencia y así superar defectos existentes y mejorar en cada nueva aparición. Esas selectivas se jugaron con bate de madera durante las dos primeras, ya que en la tercera hizo su aparición el tóxico bate de aluminio, terror de los lanzadores y alivio para los débiles al bate.

El autor disfrutó de estos torneos, lo mismo era ver lanzar a astros del montículo como Braudilio Vinent, Santiago Mederos, Rogelio García González, Omar Carrero, Gregorio Pérez, Julio Romero, Jesús Guerra y otros estelares, que ver batear grandes conexiones a hombres como Pedro José Rodríguez, Antonio Muñoz, Agustín Marquetti, Pedro Medina, Luis Giraldo Casanova, Fernando Sánchez, Orestes Kindelán, Omar Linares y Antonio Pacheco.

Las fuertes selecciones nacionales salieron de esas selectivas, las que por razones que no se entiende comenzaron a menguar en 1993 con cambios poco comprensibles hasta su desaparición definitiva en 1995.

La generación actual no pudo disfrutar de esa pelota, algunos habrán alcanzado a ver las últimas en su niñez, por lo que sus recuerdos hasta donde la memoria y los datos es una imperiosa necesidad para que el béisbol cubano una vez más sea lo que siempre fue entre los primeros a nivel amateur y profesional.

I Serie Selectiva (1975)

"El béisbol es ballet sin música, drama sin palabras."
Ernie Harwell

La primera serie selectiva se inauguró el domingo 23 de febrero de 1975, con doble juego efectuado en el Estadio Latinoamericano. En el primer turno, Pinar contra Camagüey, y Habana contra Oriente en el segundo, pero antes de dar la voz de play ball, tuvo lugar una emotiva ceremonia en la que se despedía del juego activo un grande de la pelota cubana amateur, como lo fue Urbano González.

Las nóminas de los equipos participantes en esa I serie fueron las siguientes:

Pinar del Río
Director: Juan "Charles" Díaz
Receptores: Jesús Escudero, Juan Castro y Arturo Díaz
Cuadro: Lázaro Cabrera, Leonildo Martínez, Alfonso Urquiola, Félix Iglesias, Hiram Fuentes, Roilán Hernández, José Martínez,
Jardineros. Giraldo Iglesias, Tomás Valido, Bienvenido Castanedo, Miguel López, Diego Mena, Roberto Zayas.
Lanzadores: Jesús Guerra, Julio Romero, Rogelio García, Mario Negrete, Maximiliano Gutiérrez, Juan Carlos Oliva, Rodolvado Esquivel, Ciprián Padrón, Lázaro Borroto, Armando González, Adalberto Herrera,

Habana
Director: Pedro Chávez
Receptores: Pedro Medina, Ernudys Poulot y Bárbaro Muñoz
Cuadro: Agustín Marquetti, José Ramón Cabrera, Ubaldo Álvarez, Manuel Barrueta, Rodolfo Puente, Dagoberto Echemendia, Manuel Álvarez, Andres Pérez
Jardineros: Armando Capiró, Eulogio Osorio, Héctor Mena, Luis Cárdenas, Julián Mederos

Lanzadores: Santiago Mederos, Bernardo "Navajas" González, Ricardo Ramos, Oscar Martínez, Ramón Villabrille, José Reyes, Manuel Rivero, Enrique Castrezana, Enrique R. Lanza, José E. González, Jesús Faza y Gilberto de Armas.

Industriales
Director: Orlando Leroux
Receptores: Lázaro Martínez, Gerardo Egües, Rogelio Mediavilla
Cuadro: Arturo Linares, Rey V. Anglada, Enrique Aballí, Carlos Cepero, Germán Águila, Orlando Santana, Eduardo Cajuso
Jardineros: Raúl Reyes, Julián Villar, Roberto Salazar, Bárbaro Garbey, Román Duquesne, Ramón Luna
Lanzadores: Walfrido Ruíz, Leopoldo Márquez, Florentino González, Antonio "Boricua" Jiménez, Alberto Brito, Manuel Pérez Lima, Reinery Amaro, Víctor Lugo, Damaso Ordóñez, Pedro Izquierdo, José E. Medina.

Matanzas
Director: Delfín Lorenzo
Receptores: Evelio Hernández, Osvaldo Rosell, Juan Santos.
Cuadro: Antonio Hernández, Félix Isasi, José Morgan, Ramón Gómez, Gerardo Rionda, Lázaro Peñalver,
Jardineros: Wilfredo Sánchez, Rigoberto Rosique, Fernando Sánchez, Armando Sánchez, Mario Domecq.
Lanzadores: Luis Fernández, Alfredo García, Eduardo Terry, Dagoberto Rodríguez, Luis Ortega, Lázaro Alonso, Rigoberto Rodríguez, Manuel Rojas, Ángel Lagoa, Eduardo de la Torre, Gaspar Pérez.

Las Villas
Director: Pedro Pérez Delgado
Receptores: Lázaro Pérez, Alberto Martínez, Víctor Muñoz
Cuadro: Antonio Muñoz, Emilio Madrazo, Pedro Jova, Pedro José Rodríguez, Owen Blandino, Adolfo Borrell, Osvaldo Oliva
Jardineros. Silvio Montejo, Enrique Oduardo, Luis Jova, Valentín León, José Zamora

Lanzadores: Rolando Macías, Roberto Ramos, Roberto Almarales, Leonel García, Francisco Perdigón, José Ramón Sastre, J. R. León, Tony Simó, César Valdés, Carlos Gálvez, Aquino Abreu, Conrado Moré.

Camagüey
Director: José Miguel Pineda
Receptores: Pedro Cruz, José Ramos, Vicente Marín.
Cuadro: Felipe Sarduy, René Moya, Ángel Castillo, Vicente Díaz, Osvaldo Cuesta, Eduardo Cuesta, Francisco Bolaños, Félix Booth.
Jardineros: Sandalio Hernández, Anselmo Hernández, Eusebio Cruz, Máximo Pérez, José Prado
Lanzadores: Omar Carrero, Juan Pérez Pérez, Oscar Romero, Lázaro Santana, Gaspar Legón, José Sánchez, Julio Mantilla, Ricardo Niño, Reinerio Oramas, Roberto González.

Oriente
Director: José Carrillo
Receptores: Jorge Stable, Julio Quiala y Ramón Hechavarría
Cuadro: Elpidio Mancebo, Wilfredo Hernández, Agustín Arias, Eusebio Bravo, Ricardo Bent William, Ramón Otamendi, Juan Aleaga y Ramiro Tamayo. Al final de temporada, Agustín Lescaille fue subido de la liga de desarrollo.
Jardineros: Fernando García, Fermín Laffita, Oscar Rodríguez, William Mendoza, Osvaldo Calzada, Jorge Causillo.
Lanzadores: Braudilio Vinent, Gregorio Pérez, Orlando Figueredo, Rafael Castillo, Mario Fernández, José Antonio Yake, Heriberto Benítez, Ariel Martínez, Gerardo Hernández, Rodolfo Patiño, Francisco Ramos, Juan Gómez Ortiz.

El primer juego de este torneo fue una joya de excelente pitcheo. Por los pinareños abrió el derecho Jesús Guerra, por los camagüeyanos, el avileño Omar Carrero. Ese partido se decidió en el mismo primer inning cuando Felipe Sarduy sacudió hit por su mano, salió al robo y el receptor Jesús Escudero cometió error en tiro, por lo que Sarduy llegó a tercera, a continuación, passball del mismo Escudero, que trajo la primera y única de ese desafío. Carrera sucia, pero carrera al fin. Guerra solo permitió dos imparables en el resto del encuentro, mientras que Carrero no daba bases y permitía 4 incogibles para llevarse la victoria.

Se esperaba un duelo en el segundo juego, los abridores Changa Mederos por los habaneros y el meteoro de la Maya, Braudilio Vinent por los orientales, pero no fue así. Los serranos fabricaron dos carreras por sendos triples de Ramón Otamendi y Agustín Arias, ambos combinados con wilds de Changa, pero los habaneros igualmente castigaron a Vinent a partir del sexto episodio, cuando le conectaron cinco imparables de forma consecutiva y así fabricar rally de 4 anotaciones. El zurdo Mario Fernández salió al rescate por Oriente y lo hizo bien hasta el inicio del noveno. El marcador estaba 4-3 en el octavo cuando Changa se equivocó y el guantanamero Fernando García le botó la pelota con un corredor en circulación. Los dos últimos outs fueron sacados por el derecho Gregorio Pérez de relevo. La victoria (5-4) correspondió a Fernández y la derrota para Changa.

Los Orientales lograron una racha impresionante a inicios de temporada, lo cual prácticamente le garantizó la victoria, eso a pesar de haber sufrido una racha adversa en el último tercio de campeonato. Para que se tenga una idea de lo reñido de esa parte final de la serie, Pinar fue a Santiago a discutir el primer lugar, lo que podría suceder con barrida de los vegueros. Parecía lograble, ya que Maximiliano Gutiérrez primero y Jesús Guerra después silenciaron la ofensiva oriental. A esto se añade que Julio Romero lanzó un gran juego en el tercer desafío, en el que tuvo ventaja de 3-1 hasta el octavo cuando Elpidio Mancebo disparó línea silbante, para anotarse un doble y empujar las dos que empataban el desafío. En el noveno, el mismo lanzador Mario Fernández se encargó de encaramar la bola a 362 pies del plato para dejar al campo a los vegueros y eliminarlos de toda posibilidad de triunfo en el campeonato. A su vez, Camagüey, otro de los firmes rivales de Oriente, con esta victoria solo les daba oportunidad de un empate al final de temporada, lo que no sucedió, pues Matanzas se les atravesó a los camagüeyanos con buen pitcheo del novato Eduardo Terry. Así y todo, Oriente no pudo vencer en su último juego al Habana en el Latino, el cual fue decidido por imparable de Ernudys Poulot como emergente ante los envíos del derecho Ariel Martínez. Ese juego no definía nada, pero para Oriente era importante demostrar que la victoria de Matanzas sobre Camagüey no era la que los definía como campeones de la I Selectiva, y no fue así.

Estado final de los equipos

Equipo	G	P	Pct.	Dif.
Oriente	33	21	.611	-.-
Camagüey	32	22	.593	1.0
Habana	32	22	.593	1.0
Pinar del Río	30	24	.556	3.0
Las Villas	26	28	.481	7.0
Matanzas	19	35	.352	14.0
Industriales	17	37	.315	16.0

En esta serie ocurrieron dos hechos interesantes. El primer jonrón por el jardín central del remozado estadio Latinoamericano en eventos nacionales (no en internacionales) lo conectó Fernando Sánchez.

Líderes Individuales

<u>Bateo</u>

VB			
C	44	**Armando Capiró**	Habana
H	66	**Eusebio Cruz**	Camagüey
	66	**Fernando Sánchez**	Matanzas
2B	15	**Eusebio Cruz**	Camagüey
3B	6	**Agustín Arias**	Oriente
HR	12	**Antonio Muñoz**	Las Villas
CI	42	**Fernando Sánchez**	Matanzas
BB	45	**Antonio Muñoz**	Las Villas
BR	14	**Félix Isasi**	Matanzas
K	35	**Eusebio Cruz**	Camagüey
Ave.	.358	**Alfonso Urquiola**	Pinar del Río

<u>Pitcheo</u>

JL	20	**Ramón Villabrille**	Habana
JI	15	**Braudilio Vinent**	Oriente
JC	10	**Santiago Mederos**	Habana
Innings	119.2	**Santiago Mederos**	Habana
SO	85	**Julio Romero**	Pinar del Río
Lechadas	4	**Omar Carrero**	Camagüey
Ganados	10	**Omar Carrero**	Camagüey
Perdidos	9	Luis Fernández	Matanzas
%Ganados	1000	**Eduardo Terry**	Matanzas
PCL	1.04	**Gregorio Pérez**	Oriente

El primer juego de 0 hit 0 carreras en selectivas lo logró Oscar Romero de Camagüey sobre Industriales. Perdió el juego perfecto en la sexta entrada por un error de Omar Cuesta sobre rolata de Carlos Cepero, único embasado en el juego por los azules. Según dijo el receptor

Pedro Cruz, Oscarito traía ese día mucho en la recta y un tremendo control, realizó sólo 93 lanzamientos, tiró 67 rectas, 22 curvas y 2 bolas de nudillo.

Al finalizar la serie se efectuó un juego de las Estrellas, el campeón Oriente contra una selección de peloteros de los conjuntos perdedores dirigidos por José Miguel Pineda. El resultado final fue derrota para los campeones de 4-3, a la cuenta de Braudilio Vinent, bateado libremente en la misma primera entrada del juego. Hit de Puente, rolata al pitcher de Urquiola, triple de Marquetti por la banda izquierda del terreno, hit de Capiró y jonrón de Muñoz para concretar el rally de 4 carreras. Vinent se recuperó y tiró seis escones posteriormente. Por los orientales, Fernando García, sobre el primer envío del derecho Jesús Guerra, disparó jonrón, mientras Mancebo lo imitó, pero en la novena entrada, con uno en circulación, le siguió base a Laffita, por lo que Guerra fue sustituido por Julio Romero, quien dominó a Eusebio Bravo y luego ponchó a Agustín Lescaille (entró a jugar a finales de esta I selectiva), de emergente por el lanzador Mario Fernández (hombre de poder al bate), por lo que así se logró el out 27.

Gregorio Pérez

Alfonso Urquiola

II serie selectiva (1976)

El domingo 7 de marzo de 1976 se inauguró la II serie selectiva de béisbol con doble juego. Previamente se entregaron premios al equipo vencedor de la I Selectiva, a sus líderes e igualmente a tres peloteros pioneros de series nacionales, Owen Blandino, Lázaro Pérez y Ramón Hechavarría, por su juego durante 15 series nacionales consecutivamente.

Veamos las nóminas de esos conjuntos en esta II Serie Selectiva:

Pinar del Río
Director: Francisco Martínez de Osaba
Receptores: Jesús Escudero, Arturo Díaz, Juan Castro.
Cuadro: Lázaro Cabrera, Leonildo Martínez, Alfonso Urquiola, Eduardo Laza, Hiram Fuentes, Diego Mena, Félix Iglesias, Roilán Hernández.
Jardineros: Giraldo Iglesias, Juan Hernández, Bienvenido Castanedo, Fernando Hernández, David Sánchez y Miguel López.
Lanzadores: Rogelio García, Jesús Guerra, Julio Romero, Maximiliano Gutiérrez, Porfirio Pérez, Juan Carlos Oliva, Armando González, Lázaro Borroto, Ladislao Lavastida, Francisco Rodríguez.

Habana
Director. Roberto Ledo
Receptores: Pedro Medina, Ernudys Poulot y Rogelio Mediavilla.
Cuadro: Agustín Marquetti, Rey V. Anglada, Rogelio Montes de Oca, Rodolfo Puente, José Ramón Cabrera, Manuel Barrueta, M. González, A. Pérez.
Jardineros: Armando Capiró, Reinaldo Linares, Eulogio Osorio, Antonio Perdomo, Alejo Miranda, Pablo Díaz.

Lanzadores: Santiago Mederos, Florentino González, Oscar
Martínez, Enrique Castrezana, Francisco Labrada, Gustavo Moré,
José Reyes, Ramón Villabrille, Eladio Iglesias, Enrique R. Lanza y
Cosme Hernández.

Industriales
Director: Jorge Trigoura
Receptores: Lázaro Martínez, Gerardo Egües y Leonardo Vila.
Cuadro: Arturo Linares, Eduardo Herrera, Ubaldo Álvarez, Germán
Águila, Eduardo Cajuso, Dagoberto Echemendía, Gabriel Ventura.
Jardineros: Julián Villar, Roberto Salazar, Bárbaro Garbey, Ramón
Luna, Román Duquesne e Ignacio Peñalver.
Lanzadores: Walfrido Ruíz, Leopoldo Márquez, Julio Rojo, Antonio
"Boricua" Jiménez, Nestor Vega, Alberto Brito, Bernardo Moré, G.
Rodriguez, Rafael Collazo, Pedro Izquierdo, Mario F. Ramírez.

Matanzas
Director: Delfín Lorenzo
Receptores: Evelio Hernández, Roberto Masa, Juan Santos, Alberto
Torriente.
Cuadro: Antonio Hernández, Félix Isasi, Israel Delgado, Oscar
García, Gerardo Rionda, Lázaro Peñalver, Luis J. Siscard.
Jardineros: Wilfredo Sánchez, Fernando Sánchez, Ramón Gómez,
Alberto Echevarría y Mario Domecq.
Lanzadores: Luis Fernández, Luis Ortega, Juan R. Bocalandro, Jesús
Bello, Jesús Plasencia, Lázaro Alfonso, Leonardo Hernández, Miguel
Riverol, Lázaro Padrón, Dagoberto Rodríguez, Estanislao Sánchez,
Eduardo Terry.

Las Villas
Director: Servio Borges
Receptores: Lázaro Pérez, Alberto Martínez y Víctor Muñoz.
Cuadro: Antonio Muñoz, Emilio Madrazo, Pedro José Rodríguez,
Osvaldo Oliva, Rigoberto Rodríguez, Owen Blandino.
Jardineros: Sixto Hernández, Valentín León, Luis Jova, Héctor
Olivera, Silvio Montejo.

Lanzadores: Roberto Ramos, José R. León, Claro Villa, Leonel García, Rolando Macías, A. Peña, Aniceto Montes de Oca, José Ramón Sastre, Eleuterio Molina, Conrado Moré, Lázaro Pérez Hernández.

Camagüey
Director: Carlos Gómez
Receptores: Pedro Cruz, Máximo Pérez, José Ramos.
Cuadro: Felipe Sarduy, Vicente Díaz, Omar Cuesta, Sergio Quesada, Ángel Castillo, Miguel García Sotolongo, René Moya.
Jardineros: Eusebio Cruz, José Prado, José Arias, Sandalio Hernández, Anselmo Hernández, Reinaldo Fernández, Félix Booth.
Lanzadores: Juan Pérez Pérez, Omar Carrero, Lázaro Santana, Oscar Romero, Gaspar Legón, Alfredo Roque, Félix Raspal, José Sánchez, Regino Robaina, José Cruz, Armando Quintero.

Oriente
Director: Francisco Escaurido
Receptores: Jorge Stable, Modesto Larduet, Ramón Hechavarría.
Cuadro: Elpidio Mancebo, Ricardo Bent, Wilfredo Hernández, Ramiro Tamayo, Agustín Arias, Bragim Assef, Ángel Martínez, Ramón Otamendi.
Jardineros: Fernando García, Jorge Francis, Fermín Laffita, Pablo Espinosa, Pedro Tanis.
Lanzadores: Gregorio Pérez, Braudilio Vinent, Orlando Figueredo, Ramiro Castillo, Enrique Solórzano, Mario Fernández, Heriberto Benítez, Juan R. Gómez, Ariel Martínez, Bárbaro Martínez.

De todo esto, lo que más llamó la atención fue la ausencia de José Carrillo, director del equipo campeón en la I Selectiva, el que fuera sustituido por Francisco Escaurido, mánager de la novena Mineros, ocupante del sótano en la XV serie nacional (1975-76).

En el primer turno de ese programa dominical, el flamante campeón Oriente se enfrentó a Pinar del Río, Braudilio Vinent contra Julio

Romero, juego que comenzó con agresividad de parte de los pinareños, los que lograron fabricar tres anotaciones producto de tres incogibles con robo demorado, error y wild pitch. Los indómitos salieron a la riposta y le dieron a la bola en la costura, siete hits y dos errores se combinaron para anotar 6 veces, a la vez que se daba un desfile de lanzadores, Romero, Juan Carlos Oliva- al que Mancebo castigó con enorme doble- Lázaro Borroto, Jesús Guerra, Rogelio García y Francisco Rodríguez. Gregorio Pérez relevó por Oriente y los campeones se llevaron la primera sonrisa.

El segundo juego fue abierto por Changa Mederos por el Habana y Oscar Romero por los camagüeyanos, los que escenificaron un bonito duelo. Changa con mucho dominio sobre su curva y demás lanzamientos, mientras los bateadores rivales le conectaban escasos 3 sencillos. Oscarito, por su parte, se enfrentó a una alineación a base de Anglada, Puente, Capiró, Marquetti y Osorio en los primeros cinco turnos, lo que rindió lo esperado. Así y todo, su trabajo fue bueno igualmente, luego relevado por Lázaro Santana y Gaspar Legón. Finalmente, el Habana se alzó con el primer triunfo de los 34 logrados en esa temporada.

Como en la anterior serie selectiva, el conjunto de Oriente salió en punta a base de la combinación pitcheo y ofensiva. Los indómitos pelearon y hasta barrieron en importantes series, sobre todo contra el conjunto Habana. Contra Pinar llegaron a jugar un partido de 18 entradas, que hubo de ser sellado y al siguiente día reanudado, donde anotaron 5 carreras que le dieron la victoria en el Capitán San Luis. Sólo Camagüey, a base de excelente pitcheo, pudo vencer a los orientales 2-1 en su subserie particular.

Así las cosas, a mediados de abril Oriente seguía en la cima, seguido muy de cerca del Habana y Camagüey. Las Villas, con su escaso pitcheo, y a pesar de tener una tanda ofensiva difícil de dominar, no rendía lo suficiente. Industriales ganaba 1 de cada tres, mientras que los yumurinos continuaban en el mismo pobre papel de la I serie selectiva.

El conjunto Habana atravesó dificultades, ya que Changa estuvo alejado del montículo por gripe y Armando Capiró no estaba produciendo lo suficiente al bate. No obstante, la recuperación tuvo lugar, por lo que este conjunto se fue haciendo más difícil y todo un contrincante de nivel ante el juego de los orientales, que comenzaba a dar sus tropiezos, al extremo de perder 3-0 la sub-serie contra Las Villas. A mediados de mayo, el Habana subió a la cima, pero Oriente no se daba por vencido y logró ganar la sub-serie contra los capitalinos, 2-1, en dos peleados juegos y un tercero que fue una práctica de bateo de los indómitos, vapuleando primero a Changa Mederos y luego al resto de los serpentineros capitalinos que desfilaron por el montículo.

No obstante, es bueno hacer notar el juego de los Industriales en su sub-serie contra Oriente una semana antes de la derrota marrona. Todo el mundo esperaba una barrida de Oriente, aún en el Latino, pero nada de eso. El zurdo Leopoldo Márquez se enfrascó en un duelo con el derecho Gregorio Pérez, al que los azules le habían marcado una anotación. Los ceros caían y los de Oriente veían como Márquez, con su bolita sin velocidad, los dominaba, hasta que le lograron embasar dos hombres, había dos outs, por lo que Escaurido mandó al Chava de emergente por Larduet, cambio necesario y que surtió casi efecto. El veterano receptor enganchó un globito y puso la bola a viajar de línea entre la banda izquierda y el central, ya se veía picar, mas apareció un Superman, "Bombón" Salazar, corriendo a más no poder y llegarle a lo imposible, cayó y dio dos vueltas, pero con pelota en guante, tercer out y adiós las ilusiones de Oriente de empatar e irse arriba. Les puedo asegurar que he visto muchas jugadas de maravillas de jardineros centrales, como las realizadas por Rafael "Cachirulo" Díaz y Víctor Mesa en series nacionales, así como las de Kevin Pillar, Mike Trout, Lorenzo Cain y Billy Hamilton, entre otros, en las Grandes Ligas. El engarce de "Bombón" en ese juego clasifica como el mejor que haya jamás visto.

Las Villas parecía eliminado cuando cayó en sus sub-series contra Matanzas y Pinar, pero este equipo resurgió al barrer en su última sub-serie contra el Habana en juegos efectuados en el estadio Sandino de Santa Clara. La ofensiva villareña se vio encabezada por el bateo despiadado de Pedro José Rodríguez, el que disparó 5 extrabases incluyendo par de jonrones. En esos momentos difíciles para el Habana, su mánager, Roberto Ledo, ya estaba hospitalizado, por lo que Pedro Chávez tuvo que hacerse cargo de la nave habanera. Ante esa situación, Habana y Oriente estaban abrazados en la cima faltando sólo tres juegos para cerrar el calendario de la serie selectiva.

Le tocaba a Oriente chocar con los inspirados villareños, tarea nada fácil. Por otro lado, ahí estaban al acecho los camagüeyanos, envueltos en una buena racha gracias a los brazos de Carrero y de Gaspar Legón. Precisamente este era el rival final del Habana en la última serie.

Llegado el epílogo de este thriller, les digo que el Habana sacó fuerzas y logró vencer en 2 desafíos a los peloteros de la tierra de los tinajones. Changa Mederos y el entonces joven Gustavo Moré se encargaron, con su pitcheo, de garantizar las victorias en cuestión. Los camagüeyanos cayeron con las botas puestas, ya que Carrero y Legón lanzaron para ganar realmente.

En el caso de los orientales, Las Villas no les regaló nada y le infringió par de derrotas a la nave de Escaurido. El último juego concluyó 3-2, señal que ambos conjuntos se fajaron reñidamente. Cosas de la vida, Oriente ganó 33 y perdió 21, lo mismo que en la temporada anterior. Perdió el campeonato por un juego de diferencia con el Habana, y han pasado años, este autor sigue pensando en el fildeo de "Bombón" Salazar y el juego que Oriente no pudo ganar.

Pinar del Río tuvo un desempeño peor que en 1975, sus mejores cartas no rindieron lo esperado. Alfonso Urquiola volvió a discutir la corona de bateo hasta el último juego, la que se llevó Bárbaro Garbey. La presencia de Industriales no pintaba nada en estas series, mientras que los de Matanzas, aun disponiendo de peloteros para dar batalla, continuaron en la misma dirección que en 1975.

El conjunto de Las Villas tuvo un dúo remolcador impresionante, Cheíto y Antonio Muñoz, los que botaron la pelota 23 veces y empujaron 81 carreras, casi nada, pero sin un pitcheo consistente las victorias se les escapaban. El Habana supo alzarse con el triunfo, gracias al juego de la combinación Anglada-Puente, además del pitcheo de Changa, Gustavo Moré y Eladio Iglesias.

Estado final de los equipos

Equipo	G	P	Pct.	Dif.
Habana	34	20	.630	-.-
Oriente	33	21	.611	1.0
Camagüeyanos	32	22	.593	2.0
Las Villas	32	22	.593	2.0
Pinar del Río	24	30	.444	10.0
Matanzas	18	36	.333	16.0
Industriales	16	38	.296	18.0

Líderes individuales

<u>Bateo</u>

C	45	**Antonio Muñoz**	Las Villas
H	66	**Wilfredo Sánchez**	Matanzas
2B	12	**Antonio Muñoz**	Las Villas
	12	**Armando Capiró**	Habana
3B	6	**Wilfredo Sánchez**	Matanzas
HR	12	**Antonio Muñoz**	Las Villas
CI	43	**Pedro José Rodríguez**	Las Villas
BB	53	**Antonio Muñoz**	Las Villas
BR	18	**Wilfredo Sánchez**	Matanzas
K	38	**Lázaro Pérez**	Las Villas
Ave.	.328	**Bárbaro Garbey**	Industriales

<u>Pitcheo</u>

JL	25	**Isidro Pérez**	Las Villas
JI	15	**Braudilio Vinent**	Oriente
JC	12	**Braudilio Vinent**	Oriente
Innings	127	**Braudilio Vinent**	Oriente
SO	97	**Rogelio García**	Pinar del Río
Lechadas	6	**Omar Carrero**	Camagüey
Ganados	12	**Braudilio Vinent**	Oriente
Perdidos	8	Luis Ortega	Matanzas
%Ganados	.857	**Braudilio Vinent**	Oriente
PCL	0.62	**Omar Carrero**	Camagüey

III Serie Selectiva (1977)

"Lo mejor del béisbol es que hay una crisis cada día."
Gabe Paul

La XVI Serie Nacional (1976-77) resultó en triunfo para el conjunto Citricultores, bajo la guía de Juan Bregio, conjunto que superó a Vegueros con juego y medio de ventaja y 2.5 sobre Metropolitanos. El novato de la temporada fue Lourdes Gurriel, mientras que Isidro Pérez brilló al obtener premios de MVP y mejor lanzador de esa temporada, así y todo, el equipo de los dos peloteros mencionados, Azucareros, quedó en cuarto-quinto lugar empatado con Ganaderos. Terminada la justa, todas las miradas se dirigieron a la III Selectiva, donde todo pintaba para que el Habana, Camagüeyanos y Las Villas discutieran el título, sin olvidar a los conjuntos de Orientales y Pinar del Río, incluso Matanzas no debería ser menospreciado, ya que un conjunto de esa provincia recién se había coronado campeón de la Serie Nacional, como ya se mencionó.

Veamos las nóminas de los equipos participantes, donde se ve la aparición de nuevos directores de equipos, algunos transferidos de una provincia a otra, como fue el caso de Jorge Trigoura.

Pinar del Río
Director: José Miguel Pineda
Receptores: Juan Castro, Luis Giraldo Casanova, Jesús Escudero y Arturo Díaz.
Cuadro: Lázaro Cabrera, Leonildo Martínez, Alfonso Urquiola, Eduardo Laza, Diego Mena, Félix Iglesias, Roilán Hernández.
Jardineros: Giraldo Iglesias, Bienvenido Castanedo, Miguel López, Tomás Valido, Fernando Hernández, Juan Hernández.
Lanzadores: Rogelio García, Julio Romero, Jesús Guerra, Maximiliano Gutiérrez, Juan Carlos Oliva, Ladislao Lavastida, Pablo Concha, Lázaro Borroto y Félix Pino.

Habana
Director: Pedro Almenares
Receptores: Pedro Medina. Ernudys Poulot, Mario Lamas
Cuadro: Agustín Marquetti, Rey V. Anglada, Rodolfo Puente,
Rogelio Montes de Oca, Manuel González, Andrés Pérez, R. Maceo
Jardineros: Armando Capiró, Reinaldo Linares, Eulogio Osorio,
Pablo Díaz, Román Duquesne, Rafael Ortega.
Lanzadores: Florentino González, Bernardo González, José Reyes,
Eladio Iglesias, Ramón Villabrille, Francisco Labrada, Francisco
Valdés, Lázaro Linares, José Modesto Darcourt, Waldo Martínez,
Leonel González.

Industriales
Director: José Alpizar
Receptores: Rogelio Mediavilla, José A. Fuentes, Lázaro Costa
Cuadro: Arturo Linares, Rolando Gum, Carlos Cepero, Ubaldo
Álvarez, Antonio Suárez, Eduardo Herrera, Joaquín Martínez.
Jardineros: Bárbaro Garbey, Julián Villar, Roberto Salazar, Héctor
Mena, Luis Abreu, Antonio Perdomo.
Lanzadores: Antonio "Boricua" Jiménez, Oscar Martínez, Leopoldo
Márquez, Alberto Brito, José M. Pedroso, José A. Mendía, Héctor
Camejo, Francisco Casanueva, Jesús Montesinos, Benjamín
Espinosa, Cosme Hernández.

Matanzas
Director: Jorge Trigoura
Receptores: Evelio Hernández, Pedro P. Rodríguez, Orlando Querol
Cuadro: Antonio Hernández, Félix Isasi, Oscar García, Roberto
Sotolongo, Israel Delgado, Jorge L. González, Armando Sánchez.
Jardineros: Wilfredo Sánchez, Fernando Sánchez, Ramón Gómez,
Mario Domecq, Lázaro Madan y L. Rodríguez.
Lanzadores: Luis Fernández, Luis Ortega, Dagoberto Rodríguez,
Juan R. Bocalandro, Jesús Bello, Lázaro Alonso, Rafael Rodríguez,
Leonardo Hernández, Estanislao Sánchez, Mario Bello, Lázaro
Padrón.

Las Villas
Director: Pedro Pérez Delgado
Receptores: Lázaro Pérez, Alberto Martínez, Víctor Muñoz
Cuadro: Antonio Muñoz, Alfonso Martínez, Pedro José Rodríguez,
Pedro Jova, José Pérez, Carlos Gracia, Owen Blandino, Rigoberto
Rodríguez.
Jardineros: Lourdes Gurriel, Osvaldo Oliva, Valentín León, Héctor
Olivera, Sixto Hernández y Luis Jova.
Lanzadores: Rolando Macías, Leonel García, Aniceto Montes de
Oca, Enrique Crespo, Roberto Ramos, Alberto Peña, Nicolás Águila,
Arístides García, William González, Isidro Pérez.

Camagüeyanos
Director: Carlos Gómez
Receptores: Pedro Cruz, Máximo Pérez, C. Triana
Cuadro: Felipe Sarduy, Luis Fuentes, Vicente Díaz, Sergio Quesada,
Miguel García, Ángel Castillo, Enrique Paumier
Jardineros: Eusebio Cruz, Sandalio Hernández, Reinaldo Fernández,
Anselmo Hernández, Felix Booth, José Prado, Manuel Cairo.
Lanzadores: Omar Carrero, Gaspar Legón, Juan Pérez Pérez, Oscar
Romero, Lázaro Santana, Alfredo Roque, José Cruz, Regino
Robaina, Manuel Álvarez, Julio Mantilla, Reinaldo Oramas.

Orientales
Director: Higinio Vélez
Receptores. Modesto Larduet, Jorge Stable, Jesús Pons.
Cuadro: Agustín Lescaille, Elpidio Mancebo, Ricardo Bent, Ramiro
Tamayo, Agustín Arias, Ángel Martínez, Eusebio Bravo, Juan
Rosabal, José Despaigne.
Jardineros: Fernando García, Pedro Tanis, Ramón Otamendi, Fermín
Laffita, Oscar Rodríguez.
Lanzadores: Braudilio Vinent, Gregorio Pérez, Ariel Martínez, Jorge
Franco, José Brizuela, Heriberto Benítez, Luis Valdés, Fernando
Moitt, José Grajales y Humberto López.

La III serie selectiva arrancó con un buen paso de Orientales, Camagüeyanos y Pinareños, mientras el Habana tenía sus tropiezos, Matanzas ganaba un juego a la semana, Industriales hacía lo que podía, lo que demostraba que este conjunto, entonces llamado de desarrollo, estaba de más en estas series. Decepcionante fue el inicio de los villareños, cuya ofensiva sólo respondía cuando el gigante Antonio Muñoz consumía sus turnos al bate.

No olvidemos que en esta serie se estrenó el bate de aluminio y el designado, por lo que la ofensiva se elevó enormemente. Bateadores, que probablemente no soñaban con jonronear, se veían de la noche a la mañana convertidos en rompedores de cerca, ni que hablar de aquellos que sí batean con cualquier implemento.

En el inicio de esta justa, Braudilio Vinent llegó a los 1000 ponches en su carrera y Lázaro Santana archivó su victoria 100.

A pesar de no contar con los servicios de Omar Carrero, debido a dolores temporalmente, el equipo de los Camagüeyanos salió en punta y sólo perdió dos juegos contra los Orientales en el estadio Guillermón Moncada, todo eso en la conclusión de la primera semana de temporada. Fue todo, ya que de nuevo el conjunto dirigido por Carlos Gómez aceleró y se despegó del resto de los equipos. Los Camagüeyanos no creyeron en ases del montículo y castigaron a palos hasta el mismo Rogelio García, mientras que otros estelares pinareños como Félix Pino, Jesús Guerra y Julio Romero tampoco pudieron detener el empuje de Camagüeyanos.

Los Villareños se acordaron de su fuerza y comenzaron a batear, algo que los ayudaba a poder ganar juegos. En la conclusión del primer tercio de esta temporada, su tanda del terror logró batearle a los eficaces lanzadores camagüeyanos, o sea Legón, Oscar Romero, Lázaro Santana y Carrero. Pinar, por su parte, resbalaba y de qué manera, nueve derrotas al hilo, válidos para hacerse del sótano y liberar a los Industriales por un rato del frío allí existente.

Ya que hablamos de logros, fue en esta serie que el matancero Wilfredo Sánchez llegó a la cifra de los 1000 hits, conectado el 16 de marzo de 1977 frente a los envíos del villareño Nicolás Águila. El primer incogible del hombre hit se lo conectó a Roberto "Jabao" Valdés, el 22 de diciembre de 1966. En igual fecha del 16 de marzo, el habanero Armando Capiró conectó su jonrón 100, en el Cándido González, a costa de un envío del lanzador Manuel Álvarez de Camagüeyanos. Su primer cuadrangular, Capiró, se lo conectó al zurdo Manuel Rojas de Centrales en el Latino, el 28 de diciembre de 1966.

En esta serie nuevamente se vio cómo los lanzadores eran utilizados sin piedad, sea como abridor hoy y mañana como relevista. Esto es algo que ha aquejado a la pelota de series nacionales de siempre. Por ahí vienen los dolores en el brazo, excesivos calentamientos y apariciones seguidas en el montículo. En la II Serie, se puede decir que a Escaurido poco le faltó para arrancarle el brazo a Gregorio Pérez y a Vinent, en esta III serie la situación se generalizó.

En las tres primeras series selectivas efectuadas no se piensen que no hubo abuso de los toques de bola, algunos inexplicables, lo que denota que no siempre se proyectaron las mejores jugadas ofensivas por los distintos equipos. Es bueno hacer el comentario, pues algunos ahora comentan y critican lo mismo que sucedía hace 40 años. Claramente, la pelota cubana y sus protagonistas eran de mucha más calidad que aquellos que juegan en la segunda década del nuevo milenio.

Increíblemente en esta serie no hubo nada reñido, a diferencia de las dos series selectivas anteriores, Camagüeyanos se mantuvo en la punta desde el inicio y ya dos semanas antes que terminara la justa se habían coronado campeones de la III Selectiva. Algunos amagos de las Villas, otros más modestos de los Orientales al inicio de la selectiva, pero nada del otro mundo.

En esta III serie los bates de hombres como Wilfredo Sánchez, Elpidio Mancebo y Héctor Olivera se hicieron sentir, mientras Pedro José

Rodríguez volví a mostrar su enorme poder. De todos los conjuntos, la maquinaria camagüeyana molió en grande, un equipo muy ajustado al bate y con lanzadores de experiencia, archivando victorias tras victorias. El quinteto de Carrero, Santana, Legón, Romero y Alfredo Roque aportaron 33 victorias a la causa de su equipo.

Tanto el Habana como los Orientales resultaron ser los equipos más decepcionantes de esta justa. Conjuntos que en las dos primeras series selectivas dieron colorido con su juego.

Estado final de los equipos

Equipo	G	P	Pct.	Dif.
Camagüeyanos	36	18	.667	-.-
Las Villas	33	21	.611	3.0
Pinar del Río	30	24	.556	6.0
Habana	28	26	.519	8.0
Orientales	25	29	.463	11.0
Industriales	19	35	.351	17.0
Matanzas	18	36	.333	18.0

Líderes individuales

Bateo

C	49	**Pedro Jova**	Las Villas
H	85	**Wilfredo Sánchez**	Matanzas
2B	16	**Elpidio Mancebo**	Orientales
3B	6	**Ubaldo Álvarez**	Industriales
	6	**Giraldo Iglesias**	Pinar del Río
HR	16	**Pedro José Rodríguez**	Las Villas
BB	50	**Antonio Muñoz**	Las Villas
BR	18	**Rey Vicente Anglada**	Habana
K	36	**Manuel Cairo**	Camagüeyanos
Ave.	.381	**Wilfredo Sánchez**	Matanzas
C	49	**Pedro Jova**	Las Villas

Pinar del Río mostró una mejoría ofensiva, gracias al bateo del Sr. Pelotero, Luis Giraldo Casanova, que en esos momentos presentaba credenciales de la clase de pelotero que era y fue en lo sucesivo.

Pitcheo

JL	20	**Eladio Iglesias**	Habana
	20	**Rafael Rodríguez**	Matanzas
JI	15	**Rogelio García**	Pinar del Río
	15	**Roberto Ramos**	Las Villas
JC	10	**Braudilio Vinent**	Orientales
Innings	124.1	**Braudilio Vinent**	Orientales
SO	122	**Rogelio García**	Pinar del Río
Lechadas	3	**Aniceto Montes de Oca**	Las Villas
	3	**Lázaro Santana**	Camagüeyanos
Ganados	10	**Lázaro Santana**	Camagüeyanos
%Ganados	1000	**Ariel Martínez**	Orientales
PCL	1.28	**Félix Pino**	Pinar del Río

Félix Pino y Wilfredo Sánchez

IV Serie Selectiva (1978)

"Si se cree y se trabaja, se puede."
Diego Pablo Simeone (ex-jugador
y entrenador de fútbol)

Esta cuarta justa selectiva trajo como novedad el regreso de algunos managers victoriosos en estas lides, como lo fueron Roberto Ledo (Habana) y José Carrillo (Orientales). También se notó la ausencia, en el equipo Habana, de peloteros como Julián Villar, segundo en promedio ofensivo y líder en hits conectados en la XVII serie nacional, al igual que Bárbaro Garbey, que fuera líder en carreras impulsadas (40) y Roberto "Bombón" Salazar, todos ellos sancionados por indisciplinas, nunca explicadas. Su equipo, Industriales, quedó a 1.5 juegos del campeón Vegueros en la justa precedente de esta IV Serie Selectiva. Veamos las nóminas de los equipos.

Pinar del Río
Director. José Miguel Pineda
Receptores: Juan Castro, Jesús Escudero, Heleodoro Pedroso.
Cuadro: Lázaro Cabrera, Leonildo Martínez, Alfonso Urquiola, Félix Iglesias, Hiram Fuentes, Carmelo Pedroso, Diego Mena, Francisco Costa.
Jardineros: Giraldo Iglesias, Fernando Hernández, Luis Crespo, Luis Giraldo Casanova, Tomás Valido, Bienvenido Castanedo, Roilán Hernández, José A. García.
Lanzadores: Rogelio García, Julio Romero, Jesús Guerra, Juan Carlos Oliva, Maximiliano Gutiérrez, Félix Pino, Reinaldo Costa, Adalberto Herrera, Ladislao Lavastida, Lázaro Borroto, Justo L. Prieto, Francisco Rodríguez

Habana
Director: Roberto Ledo
Receptores: Pedro Medina, Rogelio Mediavilla, Cecilio Amat.
Cuadro: Agustín Marquetti, José Ramón Cabrera, Arturo Linares,

Rey V. Anglada, Rodolfo Puente, Dagoberto Echemendía, Ubaldo
Álvarez, Rogelio Montes de Oca, Manuel González.
Jardineros: Armando Capiró, Reinaldo Linares, Pablo Díaz, Pedro
Peñalver, Jorge Tamayo, José A. Fuentes.
Lanzadores: Santiago Mederos, Eladio Iglesias, Gustavo Moré, José
M. Pedroso, José Modesto Darcourt, Ángel Leocadio Díaz, Ramón
Villabrille, Ramón Tablado, Domingo Figueroa, Pablo Pérez, Pedro
Hernández, Roberto Soto.

Matanzas
Director: Juan Bregio
Receptores: Juan C. Bango, Roberto Masa, Pedro Pablo Rodríguez.
Cuadro: Antonio Hernández, Félix Isasi, Arturo Sánchez, Leonardo
Goire, Oscar García, Gerardo Rionda, Roberto Sotolongo, Jesús
Fors, Jorge L. Siscard.
Jardineros: Wilfredo Sánchez, Fernando Sánchez, Pablo Hernández,
Leonardo Rodríguez, Miguel Cossio.
Lanzadores: Lázaro Alonso, Luis Fernández, Rafael Rodríguez,
Jorge Luis Valdés, Leonardo Hernández, Dagoberto Rodríguez,
Mario Bello, Carlos Mesa, Pedro González, Estanislao Sánchez,
Lázaro Padrón, Miguel Riverol, Jesús Bello.

Las Villas
Director: Eduardo Martín Saura
Receptores: Alberto Martínez, Víctor Muñoz, Pedro Palacios, Lázaro
Pérez Agramonte.
Cuadro: Antonio Muñoz, Héctor Olivera, Pedro Jova, Pedro José
Rodríguez, Osvaldo Oliva, José Pérez, Adolfo Borrell, Rigoberto
Rodríguez, Ernesto Morell, José Rosell.
Jardineros. Lourdes Gurriel, Amado Zamora, Víctor Mesa, Valentín
León, Sixto Hernández, Luis Jova.
Lanzadores: José Riveira, Nivaldo Pérez, Leonel García, Isidro
Pérez, Roberto Ramos, Aniceto Montes de Oca, Eleuterio Molina,
José Ramón Sastre, Roberto Almarales, Ramón Castellanos,
Servando Medina, Alberto Peña, Jorge Orta.

Camagüeyanos
Director: Carlos Gómez
Receptores: Pedro Cruz, Carlos Triana, Luis Fuentes.
Cuadro: Felipe Sarduy, Ramón Cordero, Andrés García, Vicente Díaz, Sergio Quesada, Ángel Castillo, Félix Booth, Miguel García, Enrique Paumier, Ernesto Alfonso.
Jardineros: Eusebio Cruz, Anselmo Hernández, Sandalio Hernández, Reinaldo Fernández, Manuel Cairo, Juan Poll, Máximo Pérez.
Lanzadores: Omar Carrero, Oscar Romero, Lázaro Santana, Gaspar Legón, Alfredo Roque, Julio Mantilla, José Cruz, Elpidio Jiménez, Manuel Álvarez, José Sánchez, Reinerio Oramas, Sergio Ramírez.

Orientales
Director: José Carrillo
Receptores: Modesto Larduet, Jesús Pons, Gumersindo Salazar.
Cuadro: Elpidio Mancebo, Agustín Lescaille, Ricardo Bent, Eusebio Bravo, Agustín Arias, Ramiro Tamayo, Wilfredo Hernández, Jorge Cruz, Juan Dranguet, Osvaldo Avilés.
Jardineros: Fermín Laffita, Carlos González, Jorge Francis, Regino Góngora, José Arias, Ramón Otamendi, Juan Navarro.
Lanzadores: Braudilio Vinent, José Luis Alemán, Gregorio Pérez, Orlando Figueredo, José Brizuela, Alfonso Illivanes, Luis Valdés, Alfredo Leyva, Ramón Montoya, Juan R. Gómez, Mario Fernández, Ariel Martínez, Rafael Cobas.

Al iniciarse esta serie, la eminencia de Edel Casas daba unos numeritos muy interesantes en jonrones por veces al bate. Pedro José encabezaba el cuarteto, con 1 cuadrangular cada 19 veces al bate, le seguía Muñoz con uno cada 23.1, Capiró con 1 cada 27 turnos y Marquetti con uno cada 30 veces al bate. Era entonces como andaban los jonroneros, el bate de aluminio se había estrenado en la III Serie Selectiva y el designado también.

El domingo 6 de marzo de 1978 se inauguró la IV serie selectiva, con el estadio Latinoamericano repleto, y juego inicial entre villareños y camagüeyanos, donde los bates del centro del país, entiéndase Antonio

Muñoz, Pedro José Rodríguez, Héctor Olivera y Sixto Hernández, todos ellos integrantes del Cienfuegos en la serie nacional, encabezaron una ofensiva de 12 imparables para respaldar la labor del lanzador espirituano Roberto "Caña" Ramos. A segunda hora, los pinareños despacharon a los habaneros, con otro soberbio pitcheo de Rogelio García. Ese partido concluyó 4-1.

Ya el aluminio había causado estragos en la III Selectiva, y la IV no sería una excepción. Lanzadores como Braudilio Vinent sufrirían de ese artefacto, capaz de sacar líneas que le metían miedo a fildeadores de la categoría de Félix Isasi o a lanzadores del calibre de Manuel Hurtado.

Los Orientales, como siempre, arrancaron bien, llevándose sub-series sobre Las Villas y Camagüeyanos, apoyados en pitcheo de Vinent y Figueredo, además de bateo de Elpidio Mancebo y Jorge Francis. Los Villareños continuaron su paso de buen bateo, no siempre acompañado de buen pitcheo. Los Camagüeyanos mostraban un descenso si se compara su labor con la anterior serie selectiva. Los Pinareños venían entusiasmados, sus Vegueros habían recién ganado la serie nacional precedente, primera vez que un conjunto pinareño se alzaba con el banderín en justa nacional de béisbol, y ahora venían por llevarse la selectiva. Mucho tiene que ver el trabajo de José Miguel Pineda al frente de los peloteros de esta provincia.

Las aguas fueron cogiendo su nivel. Los Orientales, como era de esperar, comenzaron a descender en su juego, pobre bateo y defensa, convirtiéndose en émulos de los Camagüeyanos, ocupantes del sótano a mitad de temporada, mientras los Villareños mostraban un pitcheo mejorado, que unido a su despiadada ofensiva, esta vez encabezada por Pedro Jova como bateador de tactos, les daba la posibilidad de ocupar la cima del torneo, aunque seguidos de Habaneros y Pinareños.

La inclusión de Fernando Hernández y de Luis Giraldo Casanova fue decisiva en el alza ofensiva y del juego de Pinar del Río, equipo que compartió varias veces el primer lugar con los Villareños. Pinar del

Río tuvo en Rogelio García Alonso su pieza principal de pitcheo, tanto en eficiencia como en laboriosidad. Camagüeyanos tuvo una ligera reacción y les dejó el sótano a los Orientales, que se vieron privados de los servicios de dos hombres como Fermín Laffita y Agustín Arias por lesiones.

Estado final de los equipos

Equipo	G	P	Pct.	Dif.
Las Villas	35	25	.583	-.-
Pinar del Río	35	25	.583	-.-
Habana	33	27	.550	2.0
Camagüeyanos	32	28	.533	3.0
Matanzas	24	36	.400	11.0
Orientales	21	39	.350	14.0

A la altura del mes de mayo, el Habana resbalaba y perdía los servicios de Anglada por lesión también, mientras los pinareños recuperaban a Urquiola, ya repuesto de una dolencia. Los de abajo se encargaron de hacer daño, sea Camagüeyanos, Orientales como yumurinos, mientras que Las Villas continuó su paso encabezado por el bateo de Pedro José, quien a inicios de mayo había disparado 20 jonrones.

Llegado al final, Las Villas y Pinar terminaron abrazados con 35 juegos ganados y 25 perdidos, por lo que se requirió una serie extra.

Líderes individuales

<u>Bateo</u>

C	55	**Antonio Muñoz**	Las Villas
H	92	**Pedro Jova**	Las Villas
2B	15	**Pedro Medina**	Habana
3B	5	**Giraldo Iglesias**	Pinar del Río
		Agustín Arias	Orientales
HR	28	**Pedro José Rodríguez**	Las Villas
CI	75	**Pedro José Rodríguez**	Las Villas
BB	49	**Antonio Muñoz**	Las Villas
BR	13	**Sixto Hernández**	Las Villas
K	40	Manuel Cairo	Camagüeyanos
Ave.	.372	**Pedro Jova**	Las Villas

Rogelio García

<u>Pitcheo</u>

JL	23	**Roberto Ramos**	Las Villas
JI	16	**Rafael Rodríguez**	Matanzas
	16	**Alfredo Roque**	Camagüeyanos
JC	11	**Rogelio García**	Pinar del Río
Innings	134.1	**Rogelio García**	Pinar del Río
SO	111	**Rogelio García**	Pinar del Río
Lechadas	3	**Rogelio García**	Pinar del Río
	3	**José Modesto Darcourt**	Habana
Ganados	10	**Rogelio García**	Pinar del Río
Perdidos	10	**Orlando Figueredo**	Orientales
%Ganados	.778	**Santiago Mederos**	Habana
PCL	2.21	**Rogelio García**	Pinar del Río

Y llegó el play off de cinco juegos, a ganar 3, entre los conjuntos de Las Villas y Pinar del Río.

El primer juego se efectuó en el estadio Sandino de Santa Clara, donde la artillería villareña le cayó con todo al abridor Félix Pino. En este partido Cheíto continuó su ofensiva al conectar par de cuadrangulares. El juego fue ganado por Roberto Ramos.

El siguiente desafío fue efectuado en el estadio "5 de septiembre" en Cienfuegos, muy merecido este partido en esa urbe, ya que cuatro de los grandes bates del equipo Las Villas salieron del conjunto Cienfuegos, además del segunda base regular Adolfo Borrell. No obstante, los de la Perla del Sur tuvieron que conformarse con ver lanzar a Rogelio García de forma impecable, al extremo de solo permitir par de indiscutibles a la terrible tanda de poder de los Villareños. En este partido, Luis Giraldo Casanova y Alfonso Urquiola dispararon sendos jonrones por los de Pinar.

El tercer juego tuvo lugar en el Capitán San Luis de Pinar del Río, donde nuevamente la fanaticada local se tuvo que conformar viendo el buen pitcheo del zurdo Leonel García, mientras que los Villareños anotaban cinco carreras, incluido jonrones del designado Héctor Olivera y del receptor Alberto Martínez.

El cuarto juego fue en Pinar también. Esta vez el zurdo Félix Pino se presentó en forma y con ayuda de relevo de Rogelio García, además de buena ofensiva de sus compañeros, incluido jonrón de Hiram Fuentes con dos en base, lograron la anhelada segunda victoria para empatar el play off.

Pedro José Rodríguez

El quinto juego y decisivo se realizó en terreno ajeno a ambos equipos, donde mejor que en el Latinoamericano. Por Pinar abrió el veloz Rogelio García y por los Villareños, otro García, pero zurdo y de nombre Leonel. La primera carrera villareña fue producto de jonrón de línea del cienfueguero Sixto Hernández. Innings después, otro cienfueguero, el designado Héctor Olivera, despachó otro cuatriesquinazo, también de línea, pelota que cayó a 380 pies del plato. Era la sexta carrera impulsada de Olivera en el play off. Los pinareños no se amilanaron, el inicialista Lázaro Cabrera, sobre los envíos del zurdo Leonel García, disparó otro jonrón de línea con uno a bordo para empatar el desafío. Así abrazados a dos carreras llegaron a las postrimerías del juego. Rogelio permanecía en el montículo por los vegueros, mientras que Roberto Ramos había relevado a Leonel García. Otro cienfueguero, el bautizado por Bobby Salamanca, como el Sr. Jonrón, Pedro José o Cheíto, había estado anulado completamente en ese juego por los envíos del Ciclón de Ovas, pero como le dijera el gran slugger en una ocasión a Armando Capiró, para batear jonrón hay que prepararse, y parece que eso fue lo que esta vez hizo. Bastaba uno de sus batazos grandes para lograr la victoria final. Esperó su lanzamiento y todo lo demás es historia. Las Villas campeón de la IV serie selectiva.

V Serie Selectiva (1979)

*"Jamás he pasado un día de mi vida sin
aprender algo nuevo acerca del béisbol."*
Connie Mack

La XVIII Serie Nacional fue sorprendentemente ganada por los gallos de Sancti Spíritus, guiados por su mentor, el ex-lanzador zurdo profesional Cándido Andrade, el cual supo aventajar a sus rivales de Villa Clara por 2.5 juegos y 3 de los Vegueros. El equipo campeón contó con la ofensiva de hombres como Lourdes Gurriel y Antonio Muñoz, además del pitcheo de Roberto Ramos y Tony Simó. Al quedar Villa Clara en segundo lugar y Cienfuegos en cuarto, la afición de las provincias centrales daba al equipo Las Villas como vencedor de la V Serie Selectiva, pero una cosa era la serie nacional y otra la selectiva.

Las nóminas de los seis equipos participantes y sus mentores en este torneo:

Pinar del Río
Director: José Miguel Pineda
Receptores: Juan Castro, Heleodoro Pedroso
Cuadro: Lázaro Cabrera, Leonildo Martínez, Alfonso Urquiola, Carmelo Pedroso, Roilán Hernández, Félix Iglesias, Hiram Fuentes, Francisco Costa, Dionisio Pino.
Jardineros: Luis Giraldo Casanova, Luis Crespo, Fernando Hernández, Giraldo Iglesias, Bienvenido Castanedo, Miguel López, David Sánchez.
Lanzadores: Rogelio García, Jesús Guerra, Julio Romero, Juan Carlos Oliva, Félix Pino, Adalberto Herrera, Reinaldo Costa, Mario Negrete, Maximiliano Gutiérrez y Pedro Pérez.

Habana

Director: Roberto Ledo

Receptores: Pedro Medina, Ernudys Poulot, Jorge Tamayo.

Cuadro: Agustín Marquetti, Rey V. Anglada, Rodolfo Puente, José Ramón Cabrera, Juan Carlos Calvo, Silvio Montes, Roberto Castillo, Joaquín Martínez, Roberto Hernández.

Jardineros: Armando Capiró, Reinaldo Linares, Jorge Beltrán, Pablo Molina, Pablo Pérez.

Lanzadores: Santiago Mederos, Angel Leocadio Díaz, Ramón Tablado, Lázaro de la Torre, José M. Pedroso, Rafael Collazo, Jorge Salazar, Francisco Gutiérrez, Pedro Izquierdo, Ricardo Inclán, Eduardo Rodríguez.

Matanzas

Director: Bruno Villegas

Receptores: Roberto Masa, Juan C. Bango, Pedro P. Rodríguez.

Cuadro: Antonio Hernández, Israel García, Oscar García, Leonardo Goire, Antonio Sánchez, Andrés Pérez, Gerardo Rionda, Félix Isasi.

Jardineros: Wilfredo Sánchez, Fernando Sánchez, Pablo Hernández, Mario Domecq y Jesús Figueroa.

Lanzadores: Rafael Rodríguez, Leonardo Hernández, Luis Fernández, Anselmo Martínez, Estanislao Sánchez, Roberto Álvarez, Pedro González, Lázaro Alonso, Julio Reyes, Hugo Cruz, Jorge Luis Valdés, Carlos Mesa y Rigoberto Odelín.

Las Villas

Director: Eduardo Martín Saura

Receptores: Alberto Martínez, Victor Muñoz, Pedro Palacios.

Cuadro: Antonio Muñoz, Alejo O'Reilly, Hector Olivera, Miguel Rojas, Adolfo Borrell, Pedro José Rodríguez, Pedro Jova, Rigoberto Rodríguez, Osvaldo Oliva, Jose Rosell.

Jardineros: Lourdes Gurriel, Sixto Hernández, Víctor Mesa, Luis Jova, Amado Zamora.

Lanzadores: Roberto Ramos, Tony Simó, Nivaldo Pérez, Alberto Peña, Servando Medina, José Ramón Sastre, Francisco Sanseriq, Aniceto Montes de Oca, Alberto Acosta, Pablo Ubeín.

Camagüeyanos
Director: Carlos Gómez
Receptores: Pedro Cruz, Carlos Triana, Máximo Pérez.
Cuadro: Felipe Sarduy, L. Fuentes, A. García, Sergio Quesada, Ángel Castillo, Miguel Lapera, Maximiliano Armenteros, Vicente Díaz, Miguel García.
Jardineros: Sandalio Hernández, Reinaldo Fernández, Rodolfo Phillips, Eusebio Cruz, Juan Poll, Félix Booth, Manuel Cairo.
Lanzadores: Gaspar Legón, Oscar Romero, Lázaro Santana, Manuel Álvarez, Omar Carrero, Ernesto Andreu, Tomás Creo, José Cruz, José Sánchez, Julio Mantilla, Armando Clemente.

Orientales
Director: Carlos Martí
Receptores: Modesto Larduet, Jorge Stable, Freddy Portilla.
Cuadro: Elpidio Mancebo, Agustín Lescaille, Wilfredo Hernández, Ramiro Tamayo, Agustín Arias, Juan Dranguet, Ramón Otamendi, Reinaldo Bravo.
Jardineros: Jorge Francis, Fermín Laffita, José Arias, Oscar Rodríguez, Regino Góngora, Juan Rosabal.
Lanzadores. Braudilio Vinent, Orlando Figueredo, Rafael Castillo, José Luis Alemán, Heriberto Benítez, Juan R. Gómez, Enrique Cutiño, F. Góngora, Gregorio Pérez, Gilberto Ferrales, Asterio Zaldívar.

Esta serie selectiva se inició el domingo 11 de marzo de 1979. El colectivo de Pinar del Río salió a ganar juego tras juego. Su cuerpo de pitcheo, a base de Félix Pino, Rogelio Garcia, Porfirio Pérez, Juan Carlos Oliva y Jesús Guerra, y ofensiva sostenible de Luis Giraldo Casanova, Alfonso Urquiola, Fernando Hernández, Lázaro Cabrera y Leonildo Martínez, dieron la necesaria estabilidad a este conjunto, el que ya en las anteriores ediciones de la Selectiva había mostrado su potencial.

En el caso de los Orientales, su nuevo mentor, Carlos Martí, logró una mejor cohesión de sus peloteros y evitó las indisciplinas ocurridas dentro de este conjunto durante la IV Serie Selectiva. Así, Orientales dio la batalla durante toda la temporada a un equipo Pinar que tenía todas las de ganar. Los favoritos Villareños volvieron a jugar a la ofensiva, su cuerpo de lanzadores necesitaba de buena ventaja para salir airosos. Yumurinos tuvo momentos brillantes encabezados por la ofensiva de Wilfredo y Arturo Sánchez, y Antonio Hernández. La decepción fue el juego de los Camagüeyanos, los que mostraron una notable baja comparada con su rendimiento en la III Serie Selectiva. Dentro de ese conjunto ya se observaba la necesidad de nuevos peloteros, capaces de sustituir a sus estelares, los que ya comenzaban a tocar la puerta del retiro.

En esta serie, Antonio Muñoz conectó 3 cuadrangulares en un juego en dos ocasiones, mientras que Luis Giraldo Casanova anotaba 6 veces en juego efectuado entre Pinar y Las Villas, en el cual Muñoz se anotó su segunda hazaña de trío de jonrones. Ese partido se efectuó en el estadio "Mártires de Cabaiguán". En general, el bateo de Muñoz fue descomunal y lideró siete departamentos ofensivos.

Antonio Muñoz

Lo otro fue el primer forfeit en las justas nacionales de béisbol, o sea a partir de 1962. Sucedió en la segunda semana de abril de 1979, jugaban Habana contra Pinar en el Capitán San Luis. En la cuarta entrada, Anglada disparó hit con Puente en tercera y Silvio Montés en segunda, el primero anotó fácil, pero el segundo llegó deslizándose, el árbitro Alejandro Montesinos cantó safe, acto seguido el receptor Juan Castro protestó la decisión, y fue expulsado, el banco pinareño se vació, pero lo peor fue que los aficionados comenzaron a tirar objetos desde las gradas. Varias veces se les pidió calma por la amplificación local, pero no hubo forma, ante esa situación se declaró el forfeit, victoria para el Habana y derrota de los locales.

Pinar en las postrimerías de la justa jugó para .750, o sea ganaba 3 de cada cuatro mientras que los Orientales, con mucha dificultad jugaban para .500. Los Villareños se desplomaron en esta serie como los Camagüeyanos, el pitcheo no rindió y sus bateadores no podían garantizar anotaciones de más de 4-5 carreras por juego. El domingo 6 de mayo hubo doble juego entre los ocupantes de los dos primeros lugares, Pinar y Orientales. Los de Vuelta Abajo serían campeones con una victoria, pero los Orientales no vinieron al Capitán San Luis a regalar nada. Braudilio Vinent se presentó como siempre y Pinar vio como el sábado 5 era derrotado. Al siguiente día, los Orientales nuevamente fueron a la carga, en reñido juego vencieron 4-3. En el segundo juego las cosas fueron distintas, Félix Pino amarró a la artillería indómita y Pinar se alzó con triunfo de 9-3 y a su vez se coronaba campeón una semana antes que terminara este Clásico.

Las Villas ocupó el sótano a pesar de disponer de la ofensiva de Muñoz y de Sixto Hernández, quien fue líder de los bateadores en esta justa, pero cuando no hay pitcheo, las victorias se alejan considerablemente.

Estado final de los equipos

Equipo	G	P	Pct.	Dif.
Pinar del Río	40	20	.667	-.-
Orientales	33	26	.559	6.5
Habana	31	29	.517	9.0
Matanzas	27	33	.450	13.0
Camagüeyanos	25	35	.417	15.0
Las Villas	23	36	.390	16

Sixto Hernández

Líderes individuales

<u>Bateo</u>

VB	252	**Arturo Sánchez**	Matanzas
C	52	**Antonio Muñoz**	Las Villas
H	81	**Wilfredo Sánchez**	Matanzas
2B	13	**Felipe Sarduy**	Camagüeyanos
	13	**Reinaldo Fernández**	Camagüeyanos
3B	9	**Luis Crespo**	Pinar del Río
HR	25	**Antonio Muñoz**	Las Villas
CI	67	**Antonio Muñoz**	Las Villas
BB	44	**Antonio Muñoz**	Las Villas
	44	**Luis Giraldo Casanova**	Pinar del Río
BR	12	**Alfonso Urquiola**	Pinar del Río
K	39	**Reinaldo Fernández**	Camagüeyanos
		Juan Castro	Pinar del Río
Sacri-hit	5	**Oscar García**	Matanzas
Sacri-fly	4	**Hiram Fuentes**	Pinar del Río
		Reinaldo Linares	Habana
		Arturo Sánchez	Matanzas
		Antonio Muñoz	Las Villas
		Elpidio Mancebo	Orientales
Slugging	.783	**Antonio Muñoz**	Las Villas
OBP	.452	**Antonio Muñoz**	Las Villas
OPS	1.235	**Antonio Muñoz**	Las Villas
Ave.	.368	**Sixto Hernández**	Las Villas

<u>Pitcheo</u>

JL	21	**Lázaro de la Torre**	Habana
JI	15	**Braudilio Vinent**	Orientales
JC	11	**Braudilio Vinent**	Orientales
Innings	137	**Braudilio Vinent**	Orientales
SO	105	**Braudilio Vinent**	Orientales
Lechadas	3	**Nivaldo Pérez**	Las Villas
	3	**Juan Carlos Oliva**	Pinar del Río
	3	**Orlando Figueredo**	Orientales
	3	**Jesús Guerra**	Pinar del Río
Ganados	11	**Rafael Rodríguez**	Matanzas
Perdidos	9	**Manuel Alvarez**	Camagüeyanos
Salvados	3	**Rafael Collazo**	Habana
%Ganados	1000	**Lázaro de la Torre**	Habana
PCL	1.97	**Juan Carlos Oliva**	Pinar del Río

Lázaro de la Torre

VI Serie Selectiva (1980)

"La cosa más fuerte que posee el beisbol de hoy es su pasado."
Lawrence Ritter

Al llegar a la VI Serie Selectiva, nos encontrábamos un campeón distinto en las cinco primeras justas de este tipo. Alguien podría decir que era el turno de Matanzas, pero eso no es automático y los yumurinos no se presentaban con opciones para ese tipo de victoria, algo que, por cierto, nunca lograron en la historia de las Series Selectivas. El conjunto más equilibrado en todos los aspectos de juego era Pinar del Río, mientras que el resto adolecía de lagunas en algunas áreas. Las Villas con su pitcheo; el Habana con su antesalista y la incógnita del rendimiento de Capiró, puntal importante en el equipo; Camagüeyanos con muchos peloteros de experiencia, algunos tocando el epílogo de sus carreras. Los Orientales venían entusiasmados con la victoria de Santiago de Cuba en la XIX Serie Nacional (1979-80). Así las cosas, veamos las nóminas de los equipos para esta justa.

Pinar del Río
Director: José Miguel Pineda.
Receptores: Juan Castro, Heleodoro Pedroso, Jesús Escudero.
Cuadro: Luis Ángel Gómez, Lázaro Cabrera, Alfonso Urquiola, Carmelo Pedroso, Giraldo González, Félix Iglesias, Hiram Fuentes, Dionisio Pino.
Jardineros: Fernando Hernández, Luis Giraldo Casanova, Luis Crespo, Giraldo Iglesias, Rogelio García González, Bienvenido Castanedo, Juan Hernández.
Lanzadores: Rogelio García Alonso, Félix Pino, Julio Romero, Jesús Guerra, Juan Carlos Oliva, Porfirio Pérez, Maximiliano Gutiérrez, Mario Negrete, Lázaro Borroto, Ladislao Lavastida, Miguel López.

Habana
Director: Roberto Ledo
Receptores: Pedro Medina, Ernudys Poulot, Obdulio Pérez.

Cuadro: Agustín Marquetti, José Ramón Cabrera, Rey V. Anglada, Rodolfo Puente, Joaquín Martínez, Leandro Ricardo, Eduardo Herrera, Dagoberto Echemendía, Manuel González.
Jardineros: Armando Capiró, Reinaldo Linares, Jorge Beltrán, Rolando Laza, Luis Cárdenas.
Lanzadores: Ángel Leocadio Díaz, José Manuel Pedroso, José Modesto Darcourt, Reinaldo López, René Arocha, Rafael Collazo, Ramón Tablado, Jorge Luis Rivero, Pedro Almaral, Eladio Iglesias, José G. Perulena, Ricardo Inclán, Roberto Soto.

Matanzas
Director: Miguel Ángel Domínguez
Receptores: Roberto Masa, Daniel Enríquez, Pedro P. Rodríguez.
Cuadro: Antonio Hernández, Juan Luis Baró, Arturo Sánchez, Félix Isasi, Leonardo Goire, Oscar García, Jesús Domínguez.
Jardineros: Fernando Sánchez, Pablo Hernández, Wilfredo Sánchez, Ramón Gómez, Leonardo Rodríguez, Leonardo Rodríguez, Lázaro Junco.
Lanzadores: Rafael Rodríguez, Jorge Luis Valdés, Anselmo Martínez, Rodolfo McBean, Pedro González, Leonardo Hernández, Carlos Mesa, Jesús Bello, Hugo Cruz, Israel Alonso, Rolando Sardiñas, Filiberto Díaz.

Las Villas
Director: Pedro Pérez
Receptores: Alberto Martínez, Víctor Muñoz, Lázaro Pérez II.
Cuadro: Antonio Muñoz, Alejo O´Reilly, Adolfo Borrell, Miguel Rojas, Pedro Jova, Pedro José Rodríguez, Osvaldo Oliva, Rigoberto Rodríguez.
Jardineros: Víctor Mesa, Lourdes Gurriel, Sixto Hernández, José Raúl Delgado, Héctor Olivera, Amado Zamora, Valentín León.
Lanzadores: Roberto Ramos, Ramón Castellanos, Nivaldo Pérez, Pablo Ubeín, Leonel García, Reinaldo Pérez, Roberto Almarales, Servando Medina, Fernando León, Alberto Peña, Enrique Machado, Juan Ramírez A.

Camagüeyanos

Director: Miguel Cuevas

Receptores: Pedro Cruz, L. Fuentes, Máximo Pérez.

Cuadro: Felipe Sarduy, Sergio Quesada, Roberto Pérez, Andrés García, Ángel Castillo, Vicente Díaz, Miguel García, Miguel Lapera

Jardineros: Sandalio Hernández, Reinaldo Fernández, Félix Booth, Eusebio Cruz, Rodolfo Phillips, Anselmo Hernández, Raúl Pérez.

Lanzadores: Gaspar Legón, Oscar Romero, José Sánchez, Ernesto Andreu, Manuel Álvarez, Alfredo Roque, Omar Carrero, Julio Mantilla, Carlos L.. Isólito, Noel Casals, Tomás Creo, Juan Silva.

Orientales

Director: Manuel Miyar

Receptores: Modesto Larduet, Ramiro Leyva y Bernardo Acosta.

Cuadro: Agustín Lescaille, Ricardo Bent, Wilfredo Hernández, Osberto Núñez, Jorge Cruz, Agustín Arias, Bragim Aseff, Ramón Otamendi, Juan Dranguet.

Jardineros: Fermin Laffita, Gerardo Simón, Juan Navarro, Paulino Góngora, Oscar Rodríguez, Héctor Salomón.

Lanzadores: Braudilio Vinent, José Luis Alemán, Enrique Cutiño, Rafael Castillo, Pedro Lubin, Alfonso Illivanes, Alberto Cabrejas, Félix Núñez, Pablo Martínez, Heriberto Benítez, Pedro Luis Palma y Fidencio Serrano.

La serie se inauguró el domingo 16 de marzo de 1980 con un doble juego a base de Pinar del Río contra Matanzas y Orientales contra el Habana. Ambos juegos caracterizados por buen pitcheo. Los campeones de la V Selectiva contaron con los servicios de Julio Romero, el que sólo permitió una carrera a los yumurinos, mientras sus compañeros garantizaban la victoria en la misma primera entrada, producto de jonrones consecutivos de Félix Iglesias y Alfonso Urquiola, todo eso sobre los envíos del zurdo Anselmo Martínez, posteriormente relevado por Leonardo Hernández. Este juego concluyó 2-1, primera sonrisa para los campeones.

En el segundo juego tuvo lugar la reaparición del estelar Armando Capiró, alejado del terreno durante seis meses por intervención quirúrgica. Los abridores fueron Braudilio Vinent por los indómitos y el zurdo José Modesto Darcourt por los habaneros. Vinent lanzó como de costumbre, pero permitió dos anotaciones, las suficientes para que Darcourt se llevara la victoria, al lanzar lechada, con dominio pleno de sus lanzamientos.

Este certamen no tuvo la cobertura requerida por parte de la prensa. Era el año de las Olimpiadas en Moscú, precedidas de distintos torneos preparatorios; era el año de la crisis del Mariel, algo que tocó fuerte en el ámbito nacional. Por lo tanto, había serie selectiva y no se seguía con el mismo entusiasmo de las anteriores.

Pinar desde el inicio arrancó en punta, su pitcheo fue determinante, unido a un bateo despiadado y encabezado por sus primeros bateadores en la alineación. Mi padre llamaba urracas a los tres primeros bates de Pinar: Giraldo Iglesias (DH), Rogelio García González (LF) y Luis Crespo (CF), los tres capaces de embasarse con toques o sólidas conexiones, lo que culminaba en rally con la presencia al bate de la cuarta estaca, el Sr. Pelotero, Luis Giraldo Casanova. El dúo Luis Crespo y Rogelio García González acumularon 10 triples en esta serie. Imagínense un equipo con un pelotero del calibre de Fernando Hernández jugando de Pascua de San Juan, eso sólo puede suceder cuando los que están al campo producen mucho más que el que está sentado.

La sorpresa de la serie fue la que dio Camagüeyanos, casi desde el inicio se burlaron de los pronósticos y se situaron en segundo lugar. Miguel Cuevas supo dar cohesión y combatividad a ese conjunto. Las Villas siguió bateando mucho y le siguieron bateando a sus pitchers también, el cuarto lugar que exhibía a finales de abril 1980, era a lo único que podían aspirar. Los villareños contaron nuevamente con el poder de Antonio Muñoz y Héctor Olivera González en funciones de designado, muy desbordado al bate, al extremo que el cienfueguero sobrepasó los .450 de promedio ofensivo. El Habana iba tercero y sus lanzadores lograron buenas demostraciones, entiéndase José Modesto Darcourt y Ángel Leocadio Díaz. Matanzas bateando mucho también y los lanzadores ineficientes también.

El desastre fue el equipo Orientales, un conjunto que en la anterior serie selectiva regaló de lo mejor de sí, y ahora se convertía en lo peor de la serie. Ese equipo se nutría de peloteros de cinco provincias y su director, fuera el que fuera, estaba obligado a crear un ambiente de cordialidad y colaboración entre todos, misión nada fácil ante tanta heterogeneidad. De no lograrlo, sus aspiraciones eran mínimas para discutir un campeonato de tan alta calidad.

Pinar resbaló a finales de abril, perdió dos de tres frente a Camagüeyanos y luego por barrida contra el Habana. La vida nos demuestra que es muy difícil en una justa de este tipo que un conjunto esté siempre ganando sin tropiezos, la excepción fueron los Camagüeyanos en la III Selectiva. Así que un desliz no quería decir que Pinar no ganara, lo cual logró ampliamente una vez más.

Los camagüeyanos no pudieron sostenerse en el segundo lugar y el Habana los desalojó, algo, resultado lógico si analizamos a ambas nóminas. Los Orientales registraron su peor desempeño en series selectivas, incluso por debajo del nivel exhibido en la III Serie.

De hecho, Pinar del Río se convirtió en el primer bicampeón en selectivas y su director, José Miguel Pineda, el primero también en lograrlo.

Estado final de los equipos

Equipo	G	P	Pct.	Dif.
Pinar del Río	39	20	.661	-.-
Habana	33	27	.550	6.5
Camagüeyanos	31	28	.525	8.0
Las Villas	30	30	.500	9.5
Matanzas	27	33	.450	12.5
Orientales	19	41	.317	20.5

Líderes individuales

Bateo

C	56	**Pedro Jova**	Las Villas
H	88	**Wilfredo Sánchez**	Matanzas
2B	17	**Agustín Marquetti**	Habana
3B	5	**Luis Crespo**	Pinar del Río
	5	**Rogelio García González**	Pinar del Río
HR	18	**Antonio Muñoz**	Las Villas
CI	67	**Antonio Muñoz**	Las Villas
BB	57	**Antonio Muñoz**	Las Villas
BR	17	**Rey Vicente Anglada**	Habana
K	46	**Reinaldo Fernández**	Camagüeyanos
Ave.	.459	**Héctor Olivera González**	Las Villas

Si bien fue destacada la labor de los lanzadores del equipo campeón, hay que resaltar la del zurdo habanero José Modesto Darcourt, quien lideró varios departamentos de pitcheo, entradas lanzadas, ponches y lechadas propinadas. Héctor Olivera bateó sobre los .450 y se llevó la corona de bateo, mientras que Antonio Muñoz volvió a reinar en jonrones, impulsadas y bases por bolas.

Pitcheo

JL	21	**Dagoberto Rodríguez**	Camagüeyanos
JI	17	**Braudilio Vinent**	Orientales
JC	10	**Julio Romero**	Pinar del Río
Innings	114.2	**José Modesto Darcourt**	Habana
SO	91	**José Modesto Darcourt**	Habana
Lechadas	3	**Rogelio García**	Pinar del Río
	3	**Jesús Guerra**	Pinar del Río
	3	**Leonel García**	Las Villas
	3	**José Modesto Darcourt**	Habana
Ganados	9	**Rogelio García**	Pinar del Río
Perdidos	9	Alberto Cabreja	Orientales
Salvados	5	**Pedro Almaral**	Habana
%Ganados	.889	**Juan Carlos Oliva**	Pinar del Río
PCL	1.87	**Omar Carrero**	Camagüeyanos

José M. Darcourt y Héctor Olivera González

VII Serie Selectiva (1981)

"Hacía mis esfuerzos en cada discusión, pero dos cosas
estaban en contra mía: los árbitros y las reglas"
Leo Durocher

La XX Serie Nacional fue una nueva victoria para los Vegueros, que lograron superar a rivales como Villa Clara y Citricultores con 3 juegos de ventaja, así como a Industriales (4) y a Forestales (5). Sin duda, la selección de Pinar de Río sería de las más fuertes para la siguiente serie selectiva.

Las nóminas de esta séptima edición de Series Selectivas fueron:

Pinar del Río
Director: José Miguel Pineda
Receptores: Juan Castro, Jesús Escudero y Heleodoro Pedroso.
Cuadro: Lázaro Cabrera, Luis Ángel Gómez, Alfonso Urquiola, Carmelo Pedroso, Francisco Costa, Dionisio Pino, Giraldo González, Leonildo Martínez.
Jardineros: Luis Giraldo Casanova, Giraldo Iglesias, Fernando Hernández, Luis Crespo, Rogelio García González, José A. García.
Lanzadores: Rogelio García Alonso, Julio Romero, Juan Carlos Oliva, Maximiliano Gutiérrez, Lázaro Borroto, Miguel López, Fidel Azcuy, Mario Negrete, Ladislao Lavastida, Francisco Rodríguez.

Habana
Director: José Alpizar
Receptores: Pedro Medina, Ernudys Poulot, Jorge Tamayo.
Cuadro: Agustín Marquetti, Rey V. Anglada, Rodolfo Puente, Dagoberto Echemendía, Eduardo Herrera, Radamés Maceo, Rolando Verde, Juan Carlos Calvo
Jardineros: Ramón Luna, Jorge Beltrán, Pablo Pérez, Pedro Pérez, Rolando Laza, Lázaro Castro

Lanzadores: Eladio Iglesias, Ángel Leocadio Díaz, José Modesto
Darcourt, Jorge Luis Rivero, Ramón Tablado, Lázaro de la Torre,
René Arocha, Rafael Collazo, Roberto Soto, Mario Véliz, Luis
Armenteros, Roberto Chinea.

Matanzas
Director: Juan Bregio
Receptores: Roberto Masa, Daniel Enríquez, Jesús Figueroa, E.
Hernández.
Cuadro: Juan Luis Baró, Julio Germán Fernández, Arturo Sánchez,
Armando Dueñas, Israel García, Oscar García, Andrés. Pérez, Julio
Serrano
Jardineros: Wilfredo Sánchez, Fernando Sánchez, Pablo Hernández,
Lázaro Junco, Lázaro Contreras, Lázaro Rodríguez
Lanzadores: Rafael Rodríguez, Leonardo Hernández, Rodolfo
McBean, Pedro González, Eduardo Terry, Anselmo Martínez, Hugo
Cruz, Julio Reyes, Jorge Luis Valdés, Carlos Mesa, Roberto Álvarez.

Las Villas
Director: Lázaro Pérez
Receptores: Alberto Martínez, Víctor Muñoz, Pedro Palacios.
Cuadro: Antonio Muñoz, Alejo O´Reilly, Miguel Rojas, Adolfo
Borrell, Pedro José Rodríguez, Francisco Javier Carbonell, Pedro
Jova, Rigoberto Rodríguez
Jardineros: Amado Zamora, Lourdes Gurriel, Víctor Mesa, Sixto
Hernández, Lázaro Martínez, Héctor Olivera.
Lanzadores: Roberto Almarales, Roberto Ramos, Alberto Peña,
Pablo Ubeín, José Riveira, José Ramón Riscart, Aniceto Montes de
Oca, Octavio Gálvez, Ulisés Infiesta, Ramón Castellanos, Julián
Leyva, Reinaldo Pérez, Miguel Isla.

Camagüeyanos
Director: Miguel Cuevas
Receptores: Pedro Cruz, Luis Fuentes, Gustavo Trespalacios

Cuadro: Felipe Sarduy, Roberto Pérez, Miguel Lapera, Miguel García, Ángel Castillo, Sergio Quesada, Ernesto Baró.
Jardineros: Sandalio Hernández, Reinaldo Fernández, Leonel Moa, José Prado, Andrés García, Roberto Pérez, Jorge Luis Baró, Gonzalo García.
Lanzadores: Oscar Romero, Lázaro Santana, Omar Carrero, Manuel Álvarez, José Cruz, Julio Mantilla, Tomás Creo, Ernesto Andreu, Noel Casals, Manuel Domínguez, Jorge Rodríguez, Agustín Álvarez.

Orientales
Director: Carlos Martí
Receptores: Modesto Larduet, Jorge Stable, Gumersindo Salazar.
Cuadro: Agustín Lescaille, Wilfredo Hernández, Ramiro Tamayo, Agustín Arias, Ramón Otamendi, Osvaldo Avilés, Antonio Pacheco, Jorge Cruz, Jesús Pons.
Jardineros: Jorge Francis, Juan Navarro, Oscar Rodríguez, Gerardo Simón, Héctor Solomón, Roberto Román, Regino Góngora, Paulino Góngora.
Lanzadores: Braudilio Vinent, José Luis Alemán, Alfonso Illivanes, Felix Núñez, Rafael Castillo, Alberto Cabreja, Heriberto Benítez, Fidencio Serrano, Jorge Matos, Enrique Cutiño.

El domingo 8 de marzo se inició la VI Serie Nacional con juego entre Pinar del Río y el Habana, ganado por los primeros con anotación de 7-5 y victoria para el veloz Rogelio García Alonso. Esta jornada inaugural fue iniciada con la premiación de los mejores deportistas de Cuba en 1980.

Pinar del Río, a pesar de presentarse sin los servicios de Félix Pino, por bajo rendimiento en la XX serie nacional, y los de Jesús Guerra, por indisciplina, fue el clásico favorito para llevarse el banderín. No obstante, los Orientales presentaron un cuerpo de lanzadores, que no tenía nada que envidiar a los pinareños, sumada la experiencia de sus regulares y el juego cohesionado que Carlos Martí promovió con su dirección, se ubicó entonces entre los favoritos para la pelea. Vinent, José Luis Alemán y Rafael Castillo se presentaron en buena forma, a los que se unió el veloz guantanamero Alfonso Illivanes, mientras que el bateo fue productivo, con Oscar Rodríguez de hombre proa seguido de Wilfredo Hernández, Agustín Lescaille, Jorge Francis y Ramón Otamendi.

Habana tuvo de todo e igualmente se erigió como serio contendiente desde el inicio de temporada. Su pitcheo a base de Ángel Leocadio Díaz, José Modesto Darcourt, Jorge Luis Rivero, Ramón Tablado y Lázaro de la Torre fue de los mejores en esa justa. Su talón de Aquiles fue la ofensiva, ya que dependía, a falta de los servicios de Armando Capiró, de lo que hicieran Pedro Medina y Agustín Marquetti.

Así las cosas, Orientales mostró que venía en serio y barrió a Pinar en su primera sub-serie en el Guillermón Moncada. Habana le ganó dos a Pinar, mientras que los vegueros se reponían por su paso en Camagüey. Villareños y Yumurinos muy bateadores, pero la pelota consta de tres aspectos, y dos de ellos no es que estuvieran del todo en esos dos conjuntos. Lo del juego de Camagüeyanos era de esperar, a pesar que presentaron siete novatos en su nómina.

Se puede decir que Pinar logró un primer tercio mejor que el resto de los conjuntos, mientras los Orientales lo hacían por encima del resto en el segundo tercio. El Habana se mantuvo, y en el último tercio, juntos con Villareños, repuntó, lo que hizo que esta serie selectiva fuera una de las más reñidas.

Faltando nueve juegos para concluir la justa, sucedió lo que nadie llegó a pronosticar, el equipo Las Villas escaló al lugar de honor y sacaba ventaja de dos juegos sobre pinareños y orientales. Mucho tuvo que ver la dirección del experimentado ex–receptor Lázaro Pérez al frente de la nave de Las Villas, pero como dije, faltaban nueve juegos y muchas cosas aún pasarían. También es de resaltar el bateo de Antonio Muñoz, de hecho el mejor bateador en Series Selectivas. El Gigante del Escambray una vez lideró 5 departamentos ofensivos, pero el liderato de bateo le correspondió a otro grande como Luis Giraldo Casanova de Pinar del Río.

A pocos días del cierre, el Habana eliminaba a Pinar de la posibilidad de llevarse nuevamente el banderín, aunque el mismo equipo victorioso presentaba sólo posibilidades matemáticas de poder coronarse campeón. Como siempre pasa, los equipos de la segunda división, por llamarles de alguna manera, se dedicaron a hacer daño a aquellos que jugaban bajo presión.

Orientales fue de los pocos que pudo sobrevivir al salir airoso en sus series particulares contra Camagüeyanos y Matanzas. Este equipo ganó 11 y perdió 2 de sus últimos 13 partidos, de ellos cinco victorias de forma consecutiva, como para dejar a Las Villas con los deseos, a los que los indómitos vencieron en juego pendiente y decisivo en el Van Troi de Guantánamo, con despiadada ofensiva en el cuarto capítulo.

Luis Giraldo Casanova

Veamos cómo fue esa cuarta entrada, Ramón Otamendi recibió boleto, Arias conectó hit al derecho, Modesto Larduet sacudió triple por el mismo centro del terreno y anotó por error de Gurriel, Jorge Stable disparó sencillo, como para limpiar la tercera carrera, todo eso sobre los envíos de Roberto Ramos, quien en ese momento explotó. Lo relevó Pablo Ubéin Sánchez, al que Gerardo Simón sorprendió con toque de hit, Oscar Rodríguez lo imitó, la pelota chiquita, pelotazo a Wilfredo Hernández, entró Stable y Ubéin fue relevado por Octavio Gálvez, al que Lescaille le conectó largo doble, entraron dos carreras, Jorge Francis se ponchó, Otamendi, por segunda vez al bate en el inning, conectó fly de sacrificio que trajo a Wilfredo con la séptima carrera, aunque Lescaille fue cogido tratando de llegar a tercera. Estas siete anotaciones fueron complementadas con otras carreras en las dos entradas finales del partido, así como pitcheo estelar del meteoro de la Maya, Braudilio Vinent.

Estado final de los equipos

Equipo	G	P	Pct.	Dif.
Orientales	38	22	.633	-.-
Las Villas	37	23	.617	1.0
Habana	35	25	.583	3.0
Pinar del Río	32	27	.542	5.5
Matanzas	23	36	.390	14.5
Camagüeyanos	13	46	.220	24.5

Rafael Castillo logro 13 victorias, las que junto con las de Vinent y José Luis Alemán, totalizaron 30 triunfos. A eso hay que sumar el juego diario y alegre de Oscar Rodríguez, Wilfredo Hernández y Agustín Arias.

Líderes Individuales

<u>Bateo</u>

C	51	**Antonio Muñoz**	Las Villas
H	82	**Antonio Muñoz**	Las Villas
2B	26	**Antonio Muñoz**	Las Villas
3B	4	**Juan Luis Baró**	Matanzas
	4	**Luis Giraldo Casanova**	Pinar del Río
	4	**Oscar Rodríguez**	Orientales
	4	**Pablo Pérez**	Habana
	4	**Francisco Costa**	Pinar del Río
HR	18	**Antonio Muñoz**	Las Villas
CI	64	**Antonio Muñoz**	Las Villas
BB	42	**Pedro Medina**	Habana
BR	17	**Rey Vicente Anglada**	Habana
K	39	**Sergio Quesada**	Camagüeyanos
Ave	.363	**Luis Giraldo Casanova**	Pinar del Río

<u>Pitcheo</u>

JL	24	**Tomás Creo**	Camagüeyanos
JI	17	**Braudilio Vinent**	Orientales
JC	13	**Braudilio Vinent**	Orientales
Innings	138	**Braudilio Vinent**	Orientales
SO	114	**Rogelio García**	Pinar del Río
Lechadas	3	**Rogelio García**	Pinar del Río
Ganados	13	**Rafael Castillo**	Orientales
Perdidos	8	**Rafael Rodríguez**	Matanzas
Salvados	5	**Miguel Mariano Isla**	Las Villas
%Ganados	.818	**Angel Leocadio Díaz**	Habana
PCL	2.41	**José Luis Alemán**	Orientales

Ángel Leocadio Díaz y José Luis Alemán

VIII Serie Selectiva (1982)

"Cuando me pongo el uniforme de beisbol tengo el mismo tamaño que los demás. No veo a nadie más alto que yo."
José Altuve

Reñida en extremo fue la XXI Serie Nacional, la que finalizó con cerrada victoria de los Vegueros, con sólo un juego de ventaja sobre Citricultores, 2 sobre Metropolitanos y 3 sobre sus coterráneos Forestales. Aunque este resultado no definía mucho de lo que vendría en la selectiva, era un indicador de las probabilidades de los conjuntos participantes y cómo se podrían desarrollar los resultados de la serie.

Las nóminas de los equipos participantes en esta VIII justa de lo mejor del béisbol cubano post 1961:

Pinar del Río
Director: Jorge Fuentes
Receptores: Juan Castro, Heleorodo Pedroso, Jorge L. Cornelio
Cuadro: Luis Ángel Gómez, Alfonso Urquiola, Giraldo González, Félix Iglesias, Hiram Fuentes, Juan de Dios León, Roberto Moreno, José A. García, Agustin Serra.
Jardineros: Luis Giraldo Casanova, Fernando Hernández, Giraldo Iglesias, Luis Crespo, Rogelio García González, David Sánchez.
Lanzadores: Rogelio García Alonso, Julio Romero, Félix Pino, Juan Carlos Oliva, Porfirio Pérez, Faustino Corrales, Jesús Guerra, Lázaro Borroto, Francisco Rodríguez.

Habana
Director: Pedro Chávez
Receptores: Pedro Medina, Pedro Luis Rodríguez, Gerardo Ortega
Cuadro: Agustín Marquetti, Eduardo Leal, Rodolfo Puente, Rolando Verde, Reinaldo Herrera, Joaquín Martínez, Raúl Rodríguez y Juan Carlos Calvo.

Jardineros: Luis Cárdenas, Pedro Peñalver, Jorge Milián, Antonio González, Pablo Pérez, Pedro Pérez, Javier Méndez.
Lanzadores: José Modesto Darcourt, Lázaro de la Torre, René Arocha, Roberto Soto, Ángel Leocadio Díaz, Justo López, Andrés Sanabria, José Manuel Pedroso, Jorge Luis Rivero, Alfredo Collazo

Matanzas
Director: Tomás Soto
Receptores: Roberto Masa, Pedro Gil, Orlando Arencibia.
Cuadro: Juan Luis Baró, Julio Germán Fernández, Israel García, Gerardo Rionda, Oscar García, Armando Dueñas, Leonardo Goire, Ramón Gómez, Jorge L. González.
Jardineros: Lázaro Junco, Wilfredo Sánchez, Fernando Sánchez, Pablo Hernández, Lázaro Contreras, Leonardo Rodríguez, Jesús Figueroa.
Lanzadores: Anselmo Martínez, Jorge Luis Valdés, Carlos Mesa, Rafael Rodríguez, Rodolfo McBean, Eduardo Terry, Hugo Cruz, Roberto Álvarez, Luis Batista, Pedro González.

Las Villas
Director: Lázaro Pérez
Receptores: Alberto Martínez, José Raúl Delgado, Pedro Palacios
Cuadro: Antonio Muñoz, Miguel Rojas, Adolfo Borrell, Pedro Jova, Pedro José Rodríguez, Osvaldo Oliva, Rigoberto Rodríguez, Rafael Rodríguez.
Jardineros: Amado Zamora, Víctor Mesa, Sixto Hernández, Lourdes Gurriel, Héctor Olivera, José Méndez, Valentín León.
Lanzadores: Roberto Ramos, Roberto Almarales, Octavio Gálvez, Ulisés Infiesta, Ramón Castellanos, Julián Leyva, Mario Véliz, Isidro Pérez, José R. León, Raúl Villa, Dagoberto Martínez, Aristides García.

Camagüeyanos
Director: Miguel Cuevas
Receptores: Pedro Cruz, Roberto González, Miguel Zayas.

Cuadro: Felipe Sarduy, Luis Fuentes, Luis Ulacia, Ángel Castillo, Maximiliano Armenteros, Sergio Quesada, Roberto Pérez, Miguel Lapera, Ernesto Baró.

Jardineros: Reinaldo Fernández, Andrés García, Jose C. Sarduy, Bárbaro Mora, Jorge Luis Baró, Raúl Pérez, Máximo Pérez

Lanzadores: Omar Carrero, Manuel Álvarez, Tomás Creo, Juan Silva, Noel Casals, José Cruz, Dionisio Colás, Noel Semanat, Carlos L. Isólito, Dagoberto Rodríguez

Orientales

Director: Carlos Martí

Receptores: Modesto Larduet, Orestes Kindelán, Gumersindo Salazar.

Cuadro: Agustín Lescaille, Wilfredo Hernández, Agustín Arias, Antonio Pacheco, Jorge Cruz, Ramón Otamendi, Osvaldo Avilés, Roberto Lemus y Bragim Assef.

Jardineros: Jorge Francis, Gerardo Simón, Fermín Laffita, Oscar Rodríguez, Pablo Bejerano, Héctor Solomón y Jesús Álvarez.

Lanzadores: Braudilio Vinent, Alberto Cabreja, Félix Núñez, José Luis Alemán, Alfonso Illivanes, Fidencio Serrano, Pablo Martínez, Gilberto Ferrales, Enrique Cutiño, Heriberto Benítez.

Esta serie estuvo precedida por la sanción de varios peloteros de la capital, los que nunca más pudieron jugar. Las palabras usadas por la prensa cubana en aquel momento fueron duras e injustas en muchos casos, como la vida lo demostró. El ejemplo más claro fue el de Rey Vicente Anglada, el mejor defensor del segundo saco de Cuba, acusado de apostar y vender juegos, algo que no fue cierto, ya que nunca se pudo demostrar lo afirmado y redicho, y eso le costó la carrera a este brillante atleta. Lo cierto es que el pueblo nunca supo los nombres de aquellos que acusaron con pruebas inexistentes a varios peloteros. Eso no quiere decir que algunos peloteros no hayan cometido actos inadmisibles, pero lo que no se puede aprobar es que se meta a todo un grupo en un saco basado en suposiciones.

Igualmente, algunas figuras conocidas, como fue el caso del lanzador Rafael Castillo no estuvo en esta serie, lo cual significó una merma de victorias para los campeones Orientales. Félix Isasi igualmente no llegó a hacer el equipo de la provincia a esta justa, algo lógico siempre que fuera acompañado de la debida renovación con nuevos talentos.

El domingo 21 de marzo de 1982 comenzó la VII Serie Selectiva. El partido inaugural fue entre Orientales y Habana, Braudilio Vinent contra José Modesto Darcourt, partido que al final ganaron los indómitos. Previamente hubo competencias de habilidades, donde Lázaro Junco se llevó el premio de los jonroneros superando al estelar Pedro José Rodríguez.

Como se observa, la serie comenzó tarde y, por ende, terminó concluida la primera semana de junio. Eso sucedió por haber comenzado la Serie Nacional tarde también.

La prensa nacional en 1982 prácticamente cubrió poco las incidencias de esta serie selectiva. No había Olimpiadas, pero se estaban organizando los Juegos Centroamericanos en la Habana.

A mitad de temporada el equipo Habana aparecía en primer lugar, mientras que el conjunto Matanzas mostraba mejor desempeño del logrado en anteriores series selectivas. Su bateo de largo alcance mejoró con las conexiones descomunales del jardinero Lázaro Junco y el bateo de costumbre del hombre hit, Wilfredo Sánchez. Las Villas tuvo en ese período buena parte de su conjunto lesionado, aunque Amado Zamora y Sixto Hernández batearon a la altura de cómo lo saben hacer en estas justas. De destacar es que el pitcheo de Las Villas anduvo mejor en esta primera mitad de lo acostumbrado en Selectivas. Los conjuntos de Pinar del Rio y Orientales no es que anduvieran alejados de la cima, y se mantenían en la lucha. Camagüeyanos si se alejaba bastante del pelotón delantero.

El 9 de mayo de 1982 se efectuó el Juego de las Estrellas, partido ganado por la tropa oriental, la que apabulló desde el inicio al estelar Rogelio García Alonso, abridor de los Occidentales.

En la segunda mitad, los pinareños comenzaron a navegar con seguridad, basados en el pitcheo de figuras como el mismo Rogelio García y el recuperado Félix Pino, aunque los juegos fuera de su provincia les hacían daño en extremo, ganaban un 23% jugando como visitador. El Habana veía venir la embestida pinareña, la matancera continuaba con su senda de triunfos gracias al dúo de los zurdos Anselmo Martínez y Jorge Luis Valdés, pero su combinación alrededor de segunda (ya Isasi era historia pasada) no era de las que supiera fabricar dobles matanzas.

Pinar apretó el paso, su pitcheo lanzó de maravillas, sobresaliendo la figura de Julio Romero entre otros, mientras que los ingredientes ofensivos garantizaron la victoria, que se logró con diferencia de 5 juegos sobre Matanzas y Orientales, los que compartieron el segundo y tercer lugar de esta serie. Fue la tercera victoria pinareña en series selectivas, líder absoluto, y la primera para el mentor Jorge Fuentes.

Estado final de los equipos

Equipo	G	P	Pct.	Dif.
Pinar del Río	35	22	.614	-.-
Matanzas	30	27	.526	5.0
Orientales	30	27	.526	5.0
Las Villas	29	27	.518	5.5
Habana	29	28	.509	6.0
Camagüeyanos	18	40	.310	17

La nota ofensiva de esta serie la dio el veterano torpedero oriental Agustín Arias, quien se coronó campeón de bateo con promedio por encima de los .400, como si se hubiese burlado de la edad que ya entonces poseía. Arias y el guantanamero Wilfredo Hernández lograron conformar una de las mejores combinaciones alrededor de la intermedia que haya existido en la pelota de series nacionales.

Líderes individuales

<u>Bateo</u>

C	49	**Luis Giraldo Casanova**	Pinar del Río
H	82	**Agustín Arias**	Orientales
2B	15	**Roberto Pérez**	Camagüeyanos
3B	4	**Pablo Hernández**	Matanzas
	4	**Sixto Hernández**	Las Villas
	4	**Amado Zamora**	Las Villas
	4	**Luis Giraldo Casanova**	Pinar del Río
HR	19	**Lázaro Junco**	Matanzas
CI	45	**Lázaro Junco**	Matanzas
BB	48	**Luis Giraldo Casanova**	Pinar del Río
BR	14	**Alfonso Urquiola**	Pinar del Río
K	43	Ramón Otamendi	Orientales
Ave.	.404	**Agustín Arias**	Orientales

<u>Pitcheo</u>

JL	24	**Lázaro de la Torre**	Habana
JI	16	**José Luis Alemán**	Orientales
JC	11	**Tomás Creo**	Camagüeyanos
Innings	126	**Lázaro de la Torre**	Habana
SO	116	**Rogelio García**	Pinar del Río
Lechadas	4	**Rogelio García**	Pinar del Río
	4	**Félix Pino**	Pinar del Río
Ganados	11	**Julio Romero**	Pinar del Río
Perdidos	9	Juan Silva	Camagüeyanos
%Ganados	.846	**Julio Romero**	Pinar del Río
PCL	1.70	**Rogelio García**	Pinar del Río

Agustín Arias

IX Serie Selectiva (1983)

*"Los fanáticos de béisbol son como drogadictos,
y las estadísticas son su heroína."*
Robert S. Wieder

Había concluido la XXII Serie Nacional (1982-83), en la que el equipo de Villa Clara se alzó con la victoria. El veterano Felipe Sarduy, oriundo del Central Venezuela de la provincia de Ciego de Ávila, jugó su serie 20 y se convirtió en el primer pelotero en llegar a esa cifra. Concluida dicha serie nacional todo quedó preparado para la IX Serie Selectiva, cuyas nóminas fueron las siguientes:

Pinar del Río
Director: Jorge Fuente
Receptores: Juan Castro, Heleodoro Pedroso, Pedro Luis Dueñas.
Cuadro: Daniel Ferreiro, Alfonso Urquiola, Carmelo Pedroso, Omar Linares, Giraldo González, Rogelio García González, Diego Mena, Roberto Moreno
Jardineros: Luis Giraldo Casanova, Fernando Hernández, Giraldo Iglesias, Luis Crespo, Bienvenido Castanedo, Juan Hernández, José A. García
Lanzadores: Julio Romero, Rogelio García Alonso, Reinaldo Costa, Félix Pino, Juan Carlos Oliva, Lázaro Borroto, Porfirio Pérez, Faustino Corrales, Raúl González, Luis A. Hernández, Ovidio Hano, Carlos Pérez, Ladislao Lavastida.

Habana
Director: Pedro Chávez
Receptores: Pedro Medina, Pedro Luis Rodríguez, Arnaldo Fonseca
Cuadro: Agustín Marquetti, Eduardo Leal, Blas Malleta, Rolando Verde, Juan Carlos Calvo, Rubén Meireles, Lázaro Vargas, José L. Lombillo.
Jardineros: Rolando Laza, Lázaro Madera, Jorge Milián, Ismael Scull, Antonio González, Andrés García y Javier Méndez.

Lanzadores: Ángel Leocadio Díaz, Lázaro de la Torre, José Manuel Pedroso, Roberto Soto, José Modesto Darcourt, Rafael Collazo, Rafael Gómez Mena, Ramón Tablado, Luis Zamora, Jorge L. Arias.

Matanzas
Director: Tomás Soto
Receptores: Roberto Masa, Pedro Gil, Jesús Figueroa.
Cuadro: Juan Luis Baró, Julio Germán Fernández, Arturo Sánchez, Israel García, Andrés Pérez, Raúl Rodríguez, Leonardo Goire, Julio Serrano.
Jardineros: Wilfredo Sánchez, Fernando Sánchez, Lázaro Junco, Lázaro Contreras, Leonardo Rodríguez, Pablo Hernández, Guillermo Heredia.
Lanzadores: Anselmo Martínez, Jorge Luis Valdés, Rafael Rodríguez, Hugo Cruz, Carlos Mesa, Eduardo Terry, Luis Batista, Lázaro Alonso, Leonardo Hernández, Israel Alonso, José Cantero.

Las Villas
Director: Eduardo Martín Saura
Receptores: Alberto Martínez, José Raúl Delgado, Pedro Palacios.
Cuadro: Antonio Muñoz, Alejo O'Reilly, Miguel Rojas, Rigoberto Rodríguez, Roberto Rodríguez, Pedro Jova, Pedro José Rodríguez, Rafael Rodríguez, Ramón Moré.
Jardineros: Lourdes Gurriel, Víctor Mesa, Amado Zamora, Sixto Hernández, José Méndez, Lázaro Martínez.
Lanzadores: Roberto Ramos, Mario Véliz, Julián Leyva, José Ramón Riscart, Octavio Gálvez, José Riveira, Isidro Pérez, Dagoberto Martínez, Guillermo Martín, Pablo Ubeín, Anselmo Álvarez, Francisco P. Sansariq.

Camagüeyanos
Director: Miguel Borroto
Receptores: Miguel Zayas, Carlos Triana, Gustavo Trespalacios.
Cuadro: Felipe Sarduy, Leonel Moa, Luis Fuentes, Luis Ulacia, Sergio Quesada, Ángel Castillo, Maximiliano Armenteros, Ernesto Baró, Miguel Lapera.

Jardineros: Reinaldo Fernández, Nestor Martínez, Jose Carlos Sarduy, Eduardo Jiménez, Alcides Massó y Andrés Hernández.

Lanzadores: Omar Carrero, Manuel Álvarez, Juan Pérez, Carlos L. Isólito, Noel Casals, Tomás Creo, Dagoberto Rodríguez, José Sánchez, Alfredo Roque, Ismael Pérez, Regino Robaina, José Cruz, Lorenzo Escobar.

Orientales

Director: Carlos Martí

Receptores: Modesto Larduet, Jorge Stable, Gumersindo Salazar.

Cuadro: Agustín Lescaille, Eleazar González, Wilfredo Hernández, Agustín García, Antonio Pacheco, Evenecer Godínez, Bragim Assef, Ramón Otamendi, Pedro Mora.

Jardineros: Gerardo Simón, Oscar Rodríguez, Pablo Bejerano, Ermidelio Urrutia, Jorge García Carrión, Regino Góngora, José Rodríguez, Fidel García.

Lanzadores: Braudilio Vinent, José Luis Alemán, Alberto Cabrejas, Osvaldo Duvergel, Rafael Castillo, Alfonso Illivanes, Félix Núñez, Fidencio Serrano, Pedro Luis Palma, José M. Montoya.

El 6 de marzo de 1983 se inauguró la IX Serie Selectiva, cuyo primer juego fue un enfrentamiento entre Pinar del Río y Habana en el Estadio Latinoamericano. Ese juego lo abrió Giraldo Iglesias, de Pinar, con jonrón sobre los envíos del derecho Lázaro de la Torre. El pinareño era hombre de tacto, sabía trabajar a los lanzadores y tomarle la base, pero no era un jonronero, en su carrera disparó 17 cuadrangulares en 14 temporadas.

En los inicios de esta justa, el pinareño Julio Romero propinó juego de cero hit, cero carreras al conjunto Camagüeyanos. El estelar serpentinero ponchó a 17 bateadores en ese partido. Por si fuera poco, en el siguiente partido, esta vez contra Orientales, Romero y Braudilio Vinent escenificaron un cerrado duelo, en el que los pinareños salieron victoriosos por la mínima, carrera sucia, única anotada en este partido, producto de error de la defensa oriental.

El conjunto Orientales despegó en punta en esta serie, a lo cual ayudó mucho su ofensiva, ya que el pitcheo estaba garantizado con figuras como Vinent, José Luis Alemán, Rafael Castillo de regreso a estas justas, Felix Núñez y Alfonso Illivanes, pero precisamente el bateo era la incógnita. Agustín Arias por lesión no hizo el equipo, el mentor Carlos Martí apeló al juego del joven Antonio Pacheco Massó en el campo corto para hacer combinación con Wilfredo Hernández alrededor del segundo saco. Los otros ingredientes ofensivos fueron Pablo Bejerano, Lescaille y Gerardo Simón, este último en su mejor temporada.

Las Villas venía detrás y su ofensiva comenzaba a causar estragos en el pitcheo adversario, la misma era encabezada por el one-two de Muñoz y Cheito, además del inmenso aporte de Víctor Mesa. Tal ofensiva con la labor de pitchers como Mario Véliz y Octavio Gálvez, además de las contribuciones de José Riveira y Guillermo Martín, sumado a los relevos de Isidro Pérez, era más que suficiente para mantener el paso ganador del equipo y preservar las ventajas que la ofensiva ofrecía en cada partido.

La ofensiva oriental mermó después del primer tercio de temporada y por ahí se coló el conjunto de Las Villas, equipo que llegó a ganar 19 juegos en 24 partidos disputados, por lo que no fue casualidad que desalojaran a los Orientales del lugar de honor y mantuvieran el liderato por el resto de la temporada de manera convincente. Si la ofensiva de Gerardo Simón, líder de los bateadores, hubiera sido secundada debidamente por Pablo Bejerano, Ermidelio Urrutia, Ramón Otamendi, Jorge García Carrión, Wilfredo Hernández y Agustín Lescaille, el resultado habría sido diferente y quizás más reñido entre Villareños y Orientales.

Estado final de los equipos

Equipo	G	P	Pct.	Dif.
Las Villas	42	18	.700	-.-
Orientales	33	27	.550	9.0
Matanzas	31	29	.517	11.0
Habana	30	30	.500	12.0
Pinar del Río	25	35	.417	17.0
Camagüeyanos	19	41	.317	23.0

Como anécdota de esta serie cabe destacar la disputa por el liderato de jonrones que sostuvieron Antonio Muñoz y Pedro José Rodríguez. Muñoz no sospechaba que Cheito venía con las intenciones de llevarse el liderato. El antesalista cienfueguero disparó su duodécimo jonrón en el último juego de su equipo, si conectaba otro, empataba con Muñoz y se llevaba el liderato de este departamento al tener menos veces al bate. Dicen que Cheito pronosticó su siguiente batazo, nada de extrañar, los prometía y los daba, único en "conectarlos" sin haber tomado el bate en sus manos. Su jonrón 13 cayó y Muñoz no es que estuviera muy feliz con lo acontecido, pero el Gigante también tenía empeño y orgullo, por lo que sin pronosticarlo, conectó su décimo cuarto y con ello aseguró el liderato en ese departamento.

Líderes individuales

<u>Bateo</u>

C	47	**Víctor Mesa**	Las Villas
H	77	**Antonio Muñoz**	Las Villas
2B	15	**Sergio Quesada**	Camagüeyanos
3B	6	**José Carlos Sarduy**	Camagüeyanos
HR	14	**Antonio Muñoz**	Las Villas
CI	65	**Antonio Muñoz**	Las Villas
BB	35	**Víctor Mesa**	Las Villas
BR	21	**Víctor Mesa**	Las Villas
K	58	**Leonel Moa**	Camagüeyanos
Ave.	.350	**Gerardo Simón**	Orientales

Lázaro de la Torre fue el lanzador incansable de siempre y el zurdo Jorge Luis Valdés otro tanto. El desempeño de Valdés tuvo mucho que ver con la mejoría en la tabla de posiciones de los Yumurinos. Estelares de siempre, como Braudilio Vinent y Julio Romero, tuvieron buenas temporadas.

<u>Pitcheo</u>

JL	19	**Raúl González Vales**	Pinar del Río
	19	**Lázaro de la Torre**	Habana
JI	17	**Jorge Luis Valdés**	Matanzas
	17	**Mario Véliz**	Las Villas
JC	10	**Braudilio Vinent**	Orientales
Innings	130.2	**Jorge Luis Valdés**	Matanzas
SO	109	**Julio Romero**	Pinar del Río
Lechadas	4	**Julio Romero**	Pinar del Río
	4	**Mario Véliz**	Las Villas
Ganados	11	**Jorge Luis Valdés**	Matanzas
Perdidos	7	**José Luis Alemán**	Orientales
		Mario Véliz	Las Villas
		Lázaro de la Torre	Habana
Salvados	4	**Isidro Pérez**	Las Villas
		Alberto Cabreja	Orientales
%Ganados	.857	**Octavio Gálvez**	Las Villas
PCL	1.67	**Julio Romero**	Pinar del Río

Braudilio Vinent

X Serie Selectiva (1984)

"El juego de béisbol es simplemente un colapso
nervioso dividido en 9 entradas."
Earl Wilson

La XXIII Serie Nacional (1983-84) había concluido con triunfo para los Citricultores, dirigidos por Tomás Soto. Si bien Vegueros no tuvo una temporada buena comparada con las anteriores, Forestales fue todo lo contrario y lució un mundo, por lo que cuando las mejores figuras de ambos conjuntos se unían en el equipo Pinar del Rio, este aparecía realmente impresionante.

Las nóminas de las selecciones conformadas aparecen a continuación:

Pinar del Río
Director: Jorge Fuentes
Receptores: Juan Castro, Heleodoro Pedroso, Jorge L. Cornelio.
Cuadro: Luis Ángel Gómez, Alfonso Urquiola, Omar Linares, Juan de Dios León, Agustín Serra, Giraldo González.
Jardineros: Luis Giraldo Casanova, Lázaro Madera, Fernando Hernández, Bienvenido Castanedo, José A. García
Lanzadores: Julio Romero, Reinaldo Costa, Rogelio García, Faustino Corrales, Raúl González, Luis A. Hernández, Domingo Ordaz, Lázaro Azcuy, Omar Ajete, Silvio L. Pérez, Jesús Reyes.

Habana
Director: Pedro Chávez
Receptores: Pedro Medina, Pedro Luis Rodríguez, Juan Bravo
Cuadro: Agustín Marquetti, Eduardo Cárdenas, Jorge García, Rolando Verde, Lázaro Vargas, Juan Carlos Calvo, Rubén Meireles
Jardineros: Javier Méndez, Pablo Pérez, Andrés García, Luis García y Leandro Ricardo

Lanzadores: Ángel Leocadio Díaz, José Modesto Darcourt, Lázaro de la Torre, Ramón Tablado, Rafael Collazo, Jorge Vidal, Jorge Luis Rivero, Luis Armenteros, José Manuel Pedroso, Osvaldo Fernández Guerra.

Matanzas

Director. Tomás Soto
Receptores: Roberto Masa, Orlando Arencibia, Jesús Figueroa.
Cuadro: Juan Luis Baró, Julio Germán Fernández, Arturo Sánchez, Israel García, Leonardo Goire, Raúl Rodríguez, Alberto Díaz.
Jardineros: Wilfredo Sánchez, Fernando Sánchez, Pablo Hernández, Lázaro Junco, Lázaro Contreras, Guillermo Heredia, Leonardo Rodríguez.
Lanzadores: Jorge Luis Valdés, Anselmo Martínez, Rafael Rodríguez, Hugo Cruz, Rolando Arrojo, Roberto Domínguez, Eduardo Terry, Leonardo Hernández, José Cantero, Roberto Álvarez.

Las Villas

Director: Eduardo Martín Saura
Receptores: Alberto Martínez, Pedro Palacios, Víctor Muñoz, Luis Fernández.
Cuadro: Antonio Muñoz, Alejo O´Reilly, Miguel Rojas, Pedro Jova, Rigoberto Rodríguez, Pedro José Rodríguez, José Rosell.
Jardineros: Víctor Mesa, Lourdes Gurriel, Sixto Hernández, Amado Zamora, Ruperto Zamora, José Méndez
Lanzadores: Roberto Ramos, Mario Véliz, Isidro Pérez, Dagoberto Martínez, José Ramón Riscart, José Riveira, Reinaldo Santana, Ulisés Infiesta, Oscar Rodríguez, Roberto Almarales.

Camagüeyanos

Director.: Miguel Borroto
Receptores: Miguel Zayas, Oscar Sarduy, Máximo Pérez.
Cuadro: Roberto Pérez, Leonel Moa, Ernesto Baró, Sergio Quesada, Luis Ulacia, Julián Piper, Maximiliano Armenteros.
Jardineros: Reinaldo Fernández, Alcides Massó, Osmel Rodríguez, José García, Jose A. Herrera.

Lanzadores: Omar Carrero, José Sánchez, Alfredo Roque, Regino Robaina, Carlos L. Isólito, Noel Semanat, Lorenzo Escobar, Manuel Álvarez, Andrés Luis Martínez, Noel Casals, Claudelino Jiménez.

Orientales
Director: Carlos Martí
Receptores: Modesto Larduet, Orestes Kindelán, Gumersindo Salazar.
Cuadro: Agustín Lescaille, Antonio Pacheco, Wilfredo Hernández, Evenecer Godínez, Pedro Mora, Ramón Otamendi, Jorge Cruz, Ismael Duarte.
Jardineros: Oscar Rodríguez, Jorge García, Pablo Bejerano, Pedro Tanis, Carlos Lamouth.
Lanzadores: Braudilio Vinent, Rafael Castillo, José Luis Alemán, Alfonso Illivanes, Félix Núñez, Alberto Cabreja, Fidencio Serrano, Rolando Rubio, Enrique Cutiño, Fernando Arias.

El 4 de marzo de 1984 se inauguró la X Serie Selectiva, en la cual se anunció oficialmente el retiro del juego activo de Rodolfo Puente, un hombre que durante años fue regular del campo corto de los equipos capitalinos y selecciones nacionales, un pelotero ejemplar en el terreno, de excelente fildeo y bateo adecuado en momentos cruciales, aparte de mostrar inteligencia al campo.

El equipo Habana mantuvo un juego equilibrado y de acuerdo a sus posibilidades. Ya no estaban Anglada y Puente, y sus lugares eran ocupados por otros peloteros de talento, pero aún carentes de la experiencia del dúo mencionado.

Matanzas mostró un juego más equilibrado y lograron mejor defensiva con la entrada de Raúl Rodríguez en el campo corto. Su pitcheo zurdo fue de lo mejor de esta serie, pero le faltó un abridor adicional.

Críticas entonces llovieron sobre la disciplina de los peloteros pinareños. Ya estaba el precedente de peloteros de esa provincia que llegaron tarde al entrenamiento para los Juegos Centroamericanos, por lo que fueron separados de esa selección, entonces se veía algunos miembros de ese buen equipo querer hacer lo que les viniera en ganas, algo que criticaba, en sus líneas, el periodista Enrique Capetillo, a lo que se sumó una entrevista al profesor Juan Ealo, quien señalaba la responsabilidad del director de equipo en esas actitudes. No obstante, las críticas, al parecer, surtieron efecto, pues este equipo Pinar del Río mostró muy buena cohesión y disciplina.

Orientales arrancó en el sótano, sus lanzadores poco hicieron en ese inicio, sobre todo Rafael Castillo y Enrique Cutiño, mientras que la ofensiva de Antonio Pacheco y de Ramón Otamendi no fue tampoco la mejor. Muy lejos estuvo su juego del desarrollado en las dos últimas series selectivas.

Durante la serie hubo un nuevo forfeit en juego entre Orientales y Habana en el estadio Guillermón Moncada. El árbitro cantó una jugada que no le gustó al director Carlos Martí, asombrosamente este agredió al árbitro, después vino el alboroto y los jueces decretaron el segundo forfeit en la historia de las series nacionales de béisbol.

Esta serie fue la de la indisciplina, la falta de respeto a los árbitros. En un choque, otro director le tiró tierra en el rostro a uno de los jueces. Así que no fue Víctor Mesa el primero en hacerlo años después.

Los equipos de Las Villas, Matanzas y Habana mostraron un juego muy inestable, a excepción de Pinar del Río, el cual dependió bastante del trabajo del dúo de Reinaldo Costa y Julio Romero. El primero mencionado acaparó cinco lideratos en el área de pitcheo, entre ellos promedio de ganados y PCL. Para que se tenga una idea de la labor de Costa en el montículo, el pinareño logró ganar 26 juegos entre la nacional y esta selectiva. La ofensiva pinareña fue encabezada por Luis Giraldo Casanova, líder de los bateadores, aparte de llevarse los lideratos de jonrones y empujadas en la serie nacional precedente, Casanova fue secundado por otro bate temible, Lázaro Madera.

Reinaldo Costa

Pinar realmente no tuvo adversario. Su juego cohesionado, con la debida disciplina, esta vez rindió más que una nómina cargada de estrellas, las que cuando llegan al terreno se olvidan de rendir lo debido.

La labor de los equipos Orientales y Camagüeyanos dejaron mucho que desear en esta selectiva. Matanzas siguió mostrando mejoría, pero insuficiente para llevarse el banderín de la serie. La ofensiva de las Villas no fue la suficiente para poder suplir sus lagunas en el pitcheo.

Estado final de los equipos

Equipo	G	P	Pct.	Dif.
Pinar del Río	28	15	.651	-.-
Las Villas	24	19	.558	4.0
Matanzas	24	21	.533	5.0
Habana	22	23	.489	7.0
Camagüeyanos	18	27	.400	11.0
Orientales	17	26	.395	11.0

Líderes individuales

Bateo

C	38	**Víctor Mesa**	Las Villas
H	77	**Lázaro Madera**	Pinar del Río
2B	12	**Javier Méndez**	Habana
	12	**Pedro José Rodríguez**	Las Villas
3B	6	**Oscar Rodríguez**	Orientales
HR	12	**Alejo O´Reilly**	Las Villas
CI	38	**Pedro José Rodríguez**	Las Villas
BB	36	**Pedro Medina**	Habana
BR	14	**Víctor Mesa**	Las Villas
K	42	**Orestes Kindelán**	Orientales
Ave.	.391	**Luis Giraldo Casanova**	Pinar del Río

<u>Pitcheo</u>

JL	16	**José Sánchez**	Camagüeyanos
JI	14	**José Riveira**	Las Villas
JC	6	**Reinaldo Costa**	Pinar del Río
Innings	113	**Reinaldo Costa**	Pinar del Río
SO	60	**Reinaldo Costa**	Pinar del Río
Lechadas	3	**Ángel Leocadio Díaz**	Habana
	3	**Regino Robaina**	Camagüeyanos
Ganados	12	**Reinaldo Costa**	Pinar del Río
Perdidos	8	**Lázaro de la Torre**	Habana
Salvados	3	**Omar Carrero**	Camagüeyanos
%Ganados	.923	**Reinaldo Costa**	Pinar del Río
PCL	1.67	**Reinaldo Costa**	Pinar del Río

Alejo O'Reilly

XI Serie Selectiva (1985)

"El único sitio en el cual me siento cómodo es en el terreno,
así que siempre me quedaré allí el mayor tiempo que pueda."
Yoan Moncada

Esta sería la última serie selectiva con 6 equipos, todos ellos en representación de las 6 lindas cubanas. Nuevos cambios se avecinaban en las selectivas, los que, por cierto, le dieron más brillo a las mismas.

Las nóminas de los equipos fueron las siguientes:

Pinar del Río
Director: Jorge Fuentes
Receptores: Juan Castro, Heleodoro Pedroso, Pedro Luis Dueñas.
Cuadro: José Cano, Alfonso Urquiola, Omar Linares, Giraldo González, Miguel Montalvo, Agustín Serra, Juan de Dios León, Lázaro Murillo.
Jardineros: Luis Giraldo Casanova, Fernando Hernández, Lázaro Madera, Rogelio García González, Luis Crespo, Giraldo Iglesias.
Lanzadores: Julio Romero, Rogelio García, Omar Ajete, Reinaldo Costa, Carlos Pérez, Ovidio Hano, Silvio L. Pérez, Domingo Ordaz, Lázaro Azcuy, Fidel Azcuy.

Habana
Director: José Miguel Pineda
Receptores: Pedro Medina, Pedro Luis Rodríguez,
Cuadro: Agustín Marquetti, Eduardo Leal, Eduardo Cárdenas, Juan Padilla, Lázaro Vargas, Rolando Verde, Juan Carlos Calvo.
Jardineros: Javier Méndez, Romelio Martínez, Pablo Pérez, Jorge Milián, José M. Rodríguez.
Lanzadores: Ángel Leocadio Díaz, José Manuel Pedroso, Jorge Vidal, Ramón Tablado, Euclides Rojas, Lázaro de la Torre, Mario M. Arce, Osvaldo Fernández Guerra, Justo López, Víctor Domínguez.

Matanzas
Director: Félix Isasi Mestre
Receptores: Roberto Masa, Daniel Enríquez, Jesús Figueroa.
Cuadro: Juan Luis Baró, Julio Germán Fernández, Arturo Sánchez, Israel García, Leonardo Goire, Raúl Rodríguez, Armando Dueñas, Wilfredo Méndez.
Jardineros: Wilfredo Sánchez, Fernando Sánchez, Lázaro Junco, Lázaro Contreras, Guillermo Heredia.
Lanzadores: Jorge Luis Valdés, Hugo Cruz, Anselmo Martínez, Rafael Rodríguez, Rolando Arrojo, José Cantero, Roberto Domínguez, Pedro González, Javier Romeu, Carlos Mesa, José A. Hernández, Carlos Valido, Manuel Mena.

Las Villas
Director: Eduardo Martín Saura
Receptores: Alberto Martínez, José Raúl Delgado, Luis Fernández.
Cuadro: Antonio Muñoz, Miguel Rojas, Eddy Rojas, Pedro Jova, Pedro José Rodríguez, René Peña, Ruperto Zamora.
Jardineros: Lourdes Gurriel, Víctor Mesa, Amado Zamora, Luis Jova, Luis Mesa.
Lanzadores: José Ramón Riscart, José Riveira, Mario Véliz, Dagoberto Martínez, Alberto Cabrejas, Isidro Pérez, Reinaldo Santana, Blas Guillén, Juan Ramírez, Octavio Gálvez, Ramón Castellanos, Bárbaro Arruebarruena,

Camagüeyanos
Director: Miguel Borroto
Receptores: Miguel Zayas, Oscar Sarduy, Jorge Valdés.
Cuadro: Leonel Moa, Raúl González, Luis Ulacia, Ernesto Baró, Andrés Pérez, Sergio Quesada, Maximiliano Armenteros, Julio Castillo.
Jardineros: Reinaldo Fernández, Alcides Massó, José Carlos Sarduy, Osmel Rodríguez, Bárbaro Mora.
Lanzadores: Andrés Luis Martínez, Manuel Álvarez, Alfredo Roque, Noel Semanat, Noel Casals, Regino Robaina, Lorenzo Escobar, Julio Mantilla, Ramón Espinosa.

Orientales

Director: Carlos Martí

Receptores: Modesto Larduet, Orestes Kindelán, Gumersindo Salazar.

Cuadro: Agustín Lescaille, Wilfredo Hernández, Antonio Pacheco, Evenecer Godínez, Ramón Otamendi, Pedro Mora, Jorge Cruz.

Jardineros: Gerardo Simón, Ermidelio Urrutia, Pablo Bejerano, Oscar Rodríguez, Jorge García Carrión, Paulino Góngora.

Lanzadores: Braudilio Vinent, Luis Tissert, José Luis Alemán, Félix Núñez, Enrique Cutiño, Alfonso Illivanes, Fidencio Serrano, José A. Machirán, Osvaldo Duvergel.

Amado Zamora

Independientemente de lo sucedido en este torneo, el conjunto Las Villas supo componer su mejor juego, sobre todo un pitcheo de calidad inesperado, que unido a la fuerza de sus bateadores, le permitió llevar la nave a buen destino al final de la temporada. Tanto Muñoz, Gurriel, Víctor Mesa, Pedro José y Pedro Jova conectaron con fuerza y oportunidad. De todos ellos, mención aparte merece el jardinero Amado Zamora, el que se coronó campeón de bateo en esta justa. El pitcheo se vio encabezado por el derecho José Ramón Riscart, y los zurdos José Riveira y Dagoberto Martínez, además de los relevos de Isidro Pérez y del ex-oriental Alberto Cabrejas.

El equipo Habana peleó hasta al final de la justa por el banderín. José Miguel Pineda, una vez más, supo llevar al conjunto bajo su dirección a planos estelares. Pedro Medina encabezó la ofensiva del equipo, sobre todo la de largo alcance, aunque es justo mencionar al entonces joven jardinero Romelio Martínez, quien despachó 12 cuadrangulares en esta serie, mientras que el pitcheo descansaba en los abridores Ángel Leocadio Díaz, José Manuel Pedroso y Lázaro de la Torre.

Romelio Martínez

No menos hizo el equipo Matanzas, una mezcla de jóvenes y experimentados peloteros, los que dieron batalla hasta el final. Los hermanos Wilfredo y Fernando Sánchez nuevamente tuvieron una buena serie ofensivamente, mientras el pitcheo esta vez tuvo un comportamiento muy superior a anteriores series selectivas. No obstante, hubo derrotas que no debieron sufrir, que de haberlas evitado, les habrían dado el banderín.

Parecería a mitad de temporada que Orientales podría dar pelea. El debutante en series selectivas, el santiaguero Luis Tissert lanzó de maravillas, al extremo de propinar par de lechadas en la justa. José Luis Alemán se presentó bien igualmente en varios juegos. Antonio Pacheco demostró una vez más su ofensiva, mientras que Orestes Kindelán tuvo momentos en que llevaba la pelota a lo más profundo de los parques en los que jugó. Así y todo, Orientales no supo mantener un paso victorioso y vio como al final terminaba abrazados con Camagüeyanos y Pinar en el sótano de esta serie.

El desastre fue Pinar del Río, un resultado igualmente inesperado, máxime que Vegueros se había coronado campeón de la recién concluida XXIV Serie Nacional (1984-85), con Fernando Hernández y Lázaro Madera desbordados ofensivamente, y un Reinaldo Costa lanzando una pelota impecable.

Las sub-series finales de esta justa fueron realmente emocionantes, excepto una, la que escenificaron Orientales y las Villas en el estadio "Calixto García" de Holguín. En el primer juego, Orientales parecía campeón al ganar sin problemas este partido, pero en los dos siguientes se hizo ver la apatía. Para colmo, Ramón Otamendi cometió error sobre roletazo inofensivo, lo que proporcionó tres carreras a los visitantes y que la entrada continuara con los Villareños aluminio en mano. Esas cosas en béisbol son condenables realmente. Lo interesante es que no pasó nada, jugadas que hasta un niño se daba cuenta de eso que el pueblo llama "majá". Más evidente aun cuando el Habana estaba jugando contra Pinar en el Latino, dispuesto a empatar. No hubo casualidad para quienes hemos visto pelota y observar regionalismos baratos. Y en Holguín hubo fiesta para celebrar la victoria de los Villareños.

Matanzas se batía contra Camagüeyanos en el Parque "José Ramón Cepero" de Ciego de Ávila, donde los locales, sin presión alguna, jugaron contra los yumurinos su mejor pelota, muy por el contrario de lo que hiciera el equipo Orientales.

Así las cosas, Las Villas se impuso nuevamente con escasa ventaja de 1 juego sobre el Habana y 2 sobre Matanzas.

Estado final de los equipos

Equipo	G	P	Pct.	Dif.
Las Villas	26	19	.578	-.-
Habana	25	20	.556	1.0
Matanzas	24	21	.533	2.0
Orientales	20	25	.444	6.0
Camagüeyanos	20	25	.444	6.0
Pinar del Río	20	25	.444	6.0

En esta serie Antonio Muñoz anotó su carrera mil, cifra que rebasaría poco después con unos de sus largos jonrones.

Líderes Individuales

<u>Bateo</u>

C	35	**Pedro Medina**	Habana
H	60	**Fernando Sánchez**	Matanzas
	60	**Antonio Pacheco**	Orientales
2B	12	**Fernando Sánchez**	Matanzas
3B	4	**Antonio Pacheco**	Orientales
HR	13	**Pedro Medina**	Habana
CI	36	**Fernando Sánchez**	Matanzas
BB	29	**Pedro José Rodríguez**	Las Villas
BR	12	**Víctor Mesa**	Las Villas
K	35	**Juan Luis Baró**	Matanzas
Ave.	.361	**Amado Zamora**	Las Villas

Pedro Medina

Ya en aquella época se hablaba de crisis de pitcheo por parte de los comentaristas de béisbol. Interesante saber qué opinarían en la segunda década del segundo milenio. Era un momento en que el aluminio masacraba al pitcheo rival. Había que saber poner la bola en donde más le doliera al bateador, caso contrario, el batazo, sea de línea o de fly, podía recorrer grandes distancias y cambiar la anotación del partido.

Pitcheo

JL	18	**Lázaro de la Torre**	Habana
JI	14	**Angel Leocadio Díaz**	Habana
JC	6	**Reinaldo Costa**	Pinar del Río
Innings	109.2	**Lázaro de la Torre**	Habana
SO	63	**José Riveira**	Las Villas
Lechadas	2	**José Luis Alemán**	Orientales
	2	**Luis Tissert**	Orientales
	2	**Rogelio García**	Pinar del Río
Ganados	9	**Lázaro de la Torre**	Habana
Perdidos	7	**Reinaldo Costa**	Pinar del Río
%Ganados	1000	**José Manuel Pedroso**	Habana
PCL	1.98	**Manuel Alvárez**	Camagüeyanos

Hubo un juego de estrellas, que mejor no recordar. La votación popular fue injusta. Para que se tenga una idea, hombres como Amado Zamora, campeón de bateo; Manuel Álvarez, el mejor en PCL de la justa; Romelio Martínez, segundo en cuadrangulares; Luis Tissert, uno de los co-líderes en lechadas y de los mejores PCL de la serie, tuvieron que ver el juego por la TV desde su casa, ya que sencillamente no fueron escogidos.

Igualmente hay que añadir las repetidas veces que Bohemia, entiéndase el difunto Enrique Capetillo, criticó el mal hábito, de muchos peloteros y hasta dirigentes, de fumar en los bancos. Si de disciplina se trata, es lógico que esto se debió combatir desde sus inicios. La lista de peloteros cubanos, que el que suscribe ha visto fumando en los bancos, hasta en eventos internacionales, no es corta. Por sólo citar un ejemplo, lució muy feo ver a José Miguel Pineda fumando en una entrevista en el terreno, concluida la justa de los Juegos Panamericanos, Caracas (1983). Hay otros muchos, algunas estrellas nacionales, que han dado ese mal ejemplo durante décadas y hasta el presente.

XII Serie Selectiva (1986)

"El éxito se define con mi salud y ver si puedo traer un extra ofensivo en lo sucesivo."
Shohei Ohtani

Una nueva estructura se aplicó a partir de esta serie. Ocho equipos estarían en la competencia. Los conjuntos de Pinar del Río, Matanzas, Las Villas y Camagüeyanos permanecerían como en anteriores series, mientras que debutaban un equipo por la Ciudad de la Habana, y una selección de la ya desaparecida provincia Habana y del municipio especial Isla de la Juventud, el que se llamaría Agropecuarios. En la parte oriental, de momento, Orientales se descomponía en dos conjuntos, Mineros, selección de peloteros de las provincias Las Tunas, Granma y Holguín; y Serranos, con peloteros de las provincias de Santiago de Cuba y Guantánamo. Serían 63 los partidos a jugar por cada equipo, o sea nueve más de la anterior serie nacional.

Como era de esperar, los aficionados y los eruditos daban pocas posibilidades a esos cuatro conjuntos, por lo que como favoritos salían Pinar, Las Villas y Matanzas. Como dice la canción de Ruben Blade, la vida te da sorpresa, y desde un inicio hubo sorpresa. La discusión del título estuvo a cargo de dos nuevos conjuntos, Serranos y Ciudad Habana. Atrás quedaron los equipos favoritos, ya que la disputa fue entre esos dos, lo cual tenía su lógica. Ciudad Habana venía esencialmente compuesta por peloteros del equipo campeón de la XXV Serie Nacional, Industriales, en el que se destacaban ya varias figuras jóvenes como Lázaro Vargas, Juan Padilla, Rolando Verde y Javier Méndez al campo, además de Pablo Miguel Abreu, René Arocha, Euclides Rojas entre otros. Por su parte, Serranos no era más que un Santiago de Cuba reforzado con peloteros guantanameros, igualmente con figuras ya en plena etapa de consolidación, como fueron Antonio Pacheco, Evenecer Godínez, Orestes Kindelán, Jorge García Carrión, Fausto Álvarez, y los lanzadores José Luis Alemán, Wilson Hawthorne, Osvaldo Duvergel entre otros.

Veamos las nóminas:

Pinar del Río
Director: Jorge Fuentes
Receptores: Juan Castro, Jorge Luis Cornelio, Heleodoro Pedroso.
Cuadro: José Cano, Alfonso Urquiola, Carmelo Pedroso, Omar Linares, Giraldo González, Juan de Dios León, Luis Álvarez, Raúl Ajete.
Jardineros: Luis Giraldo Casanova, Fernando Hernández, Lázaro Madera, Luis Crespo, Giraldo Iglesias, Rogelio García González.
Lanzadores: Rogelio García Alonso, Reinaldo Costa, Domingo Ordaz, Omar Ajete, Carlos Pérez, Fidel Azcuy, Lázaro Azcuy, Jesús Bosmenier, Jesús Reyes, Emilio Hernández, Ovidio Hano.

Ciudad Habana
Director: Pedro Chávez
Receptores: Pedro Medina, Juan Bravo, Arnaldo Fonseca, Armando Ferreiro.
Cuadro: Agustín Marquetti, Roberto Colina, Eduardo Cárdenas, Juan Padilla, Rolando Verde, Lázaro Vargas, Luis G. Pestana.
Jardineros: Javier Méndez, Antonio González, Luis Rivero, Orbe Luis Rodríguez, Luis D. Pérez.
Lanzadores: René Arocha, Pablo Miguel Abreu, Lázaro Valle, José Modesto Darcourt, Euclides Rojas, Lázaro de la Torre, Francisco Despaigne, Carlos M. Isaac, Ángel Leocadio Díaz, Juan C. Barrutia.

Agropecuarios
Director: José Miguel Pineda
Receptores: Felipe Gálvez, Juan C. Pérez, Álvaro Sanjudo.
Cuadro: Eduardo Leal, Oscar Macías, Juan Carlos Calvo, Silvio Montes, Pedro Pérez, Manuel Morales, Reinaldo Herrera.
Jardineros: Romelio Martínez, Pablo Pérez, Gerardo Miranda, Luis Cuesta, José M. Rodríguez.

Lanzadores: Rafael Collazo, José Manuel Pedroso, Luis Armenteros, Eduardo Murgado, Carlos Yanes, Israel Alonso, Jorge Vidal, Ariel Prieto, Mario M. Arce, Justo López, Ignacio Roca,

Matanzas
Director: Félix Isasi Mestre
Receptores: Roberto Masa, Daniel Enríquez, Orlando Arencibia, Pedro Gil.
Cuadro: Juan Luis Baró, Julio Germán Fernández, Arturo Sánchez, Raúl Rodríguez, Leonardo Goire, Armando Dueñas, Julio Serrano.
Jardineros: Fernando Sánchez, Lázaro Junco, Lázaro Contreras, Pablo Hernández, Guillermo Heredia.
Lanzadores: Jorge Luis Valdés, Rafael Rodríguez, Anselmo Martínez, Carlos Mesa, Carlos Valido, Eduardo Terry, Manuel Mena, Rogelio Amores, Reynold Alfonso, Pedro González, José A. Hernández.

Las Villas
Director: Eduardo Martín Saura
Receptores: Alberto Martínez, José Raúl Delgado, Luis Fernández.
Cuadro: Antonio Muñoz, Miguel Rojas, Eddy Rojas, Pedro Jova, Roberto Rodríguez, Rafael Orlando Acebey, Ruperto Zamora.
Jardineros: Amado Zamora, Víctor Mesa, Lourdes Gurriel, Lázaro Martínez,
Lanzadores: José Ramón Riscart, José Riveira, Octavio Gálvez, Juan Ramírez, Ramón Castellanos, Alberto Cabrejas, Reinaldo Santana, Rolando Arrojo, Mario Véliz, Dagoberto Martínez, Roberto Almarales, Raúl Villa, Blas Guillén,

Camagüeyanos
Director: Miguel Borroto
Receptores: Miguel Zayas, Oscar Sarduy, Mariano Marín.
Cuadro: Alejo O´Reilly, Raúl González, Luis Ulacia, Sergio Quesada, Ernesto Baró, Roberto Pérez, Julián Piper, Juan García.
Jardineros: Reinaldo Fernández, Alcides Massó, Leonel Moa, José A. Herrera, Osmel Rodríguez.
Lanzadores: Omar Carrero, Andrés Luis Martínez, Manuel Álvarez, Buenafé Nápoles, Ramón Espinosa, Claudelino Jiménez, Iván González, Enrique Cruz, Rodolfo Quintana, Noel Semanat, Regino Robaina, Noel Casals.

Mineros
Director: Carlos Martí
Receptores: Carlos Barrabí Leyva, Ideliso Duvergel, Santiago Torres.
Cuadro: Jorge Causillo, Mariano González, Pedro Mora, Jorge Cruz, Roberto Lemus, Silvino González, Héctor Solomón.
Jardineros: Ermidelio Urrutia, Pablo Bejerano, Víctor Bejerano, Luis Álvarez Estrada, Félix Benavides, Juan Beltrán.
Lanzadores: Abelardo Guerra, Félix Núñez, Pedro Luis Palma, Misael López, Fernando Arias, Atilano Torres, Isidro González, Fidencio Serrano, Roberto Almaguer.

Serranos
Director: Frangel Reynaldo
Receptores: Orestes Kindelán, Modesto Larduet, Idael Machado.
Cuadro: Agustín Lescaille, Antonio Pacheco, Wilfredo Hernández, Evenecer Godínez, Gabriel Pierre, Ramón Otamendi, Juan Muñoz.
Jardineros: Fidel García, Jorge García Carrión, Fausto Álvarez, Gerardo Simón, Oscar Rodríguez, Leonel Bueno.
Lanzadores: Braudilio Vinent, Luis Tissert, José Luis Alemán, Enrique Cutiño, Rolando Rubio, Wilson Hawthorne, Alfonso Illivanes, Jorge Matos, José A. Machirán.

El juego de Serranos fue estable a lo largo de la temporada y sorprendió a la mayoría de los expertos, los que habían pronosticado los peores lugares para Serranos, Mineros y Agropecuarios. Solo en las dos últimas semanas, los montunos resbalaron, pero la ventaja era la suficiente para no dejarse arrebatar el primer lugar. La sub-serie final de este equipo contra Agropecuarios en Baracoa, provincia de Guantánamo, comenzó con una victoria de los visitantes, y de ahí no pasó. Serranos puso todo su empeño y lograron par de victorias casi definitorias. Mucho tuvo que ver en esos juegos el bateo de Antonio Pacheco.

Ciudad Habana jugó bien, pero resbaló varias veces y eso al final le pasó factura. Su sub-serie final en Santiago de Cuba comenzó igualmente con victoria sabatina, pero el domingo, los Serranos no creyeron ni en René Arocha, y se llevaron el doble dominical.

La última sub-serie de los Serranos contra Las Villas, efectuada en el estadio Van Troi de Guantánamo, fue de lo peor que se pueda ver en un terreno de pelota. En este caso, los Villareños jugaron sin ningún interés, era como si la Serie Selectiva hubiera terminado. El último juego de estos equipos fue una práctica de bateo de los Serranos. Orestes Kindelán tenía 28 jonrones, o sea había empatado el récord anteriormente establecido por Pedro José Rodríguez en la última sub-serie, y necesitaba al menos un cuadrangular para romper ese registro. El director Frangel Reynaldo situó a Kindelán como designado y segundo bate en ese partido, de manera que tuviera más veces y oportunidades de conexión. Kindelán falló en sus dos primeras veces al bate, pero a la tercera disparó enorme jonrón, nuevo récord, y a la cuarta volvió a repetir, con lo cual dejaba establecida la cifra de 30 jonrones como marca definitiva, además de 84 impulsadas, igualmente récord para series selectivas. Los Serranos batearon lo que quisieron en ese último enfrentamiento.

Orestes Kindelán

Igualmente, Evenecer Godínez logró 9 triples para empatar la marca establecida en la Selectiva de 1979 por Luis Crespo de Pinar del Río. Aparte del record de jonrones, impulsadas y triples, Jorge García de Serranos logró disparar 96 incogibles, nuevo record también en estas series, que más tarde fuera roto. Además de la ofensiva de Kindelán, Pacheco, Fausto Álvarez y Jorge García, hay que resaltar el bateo de Evenecer Godínez, quien en las primeras semanas de juego tenía 30 carreras impulsadas fungiendo como primer bate, algo que no se mantuvo posteriormente, pero que resultó ser una contribución enorme a Serranos en la etapa inicial de la justa.

De meritoria se puede considerar la temporada para los Camagüeyanos, con Buenafé Nápoles muy eficiente en su pitcheo, todo lo contrario, para Las Villas y Matanzas. Aunque Agropecuarios y Mineros quedaron en los últimos lugares, esto no quiere decir que tales conjuntos no se les hayan visto perspectivas de futuras victorias. Agropecuarios poseía un buen número de peloteros jóvenes, los que después lucieron en las siguientes series. La ausencia de Pedro Luis Rodríguez tuvo mucho que ver con su resultado final, hombre que ofensivamente habría podido empujar carreras decisivas en varios juegos.

Estado final de los equipos

Equipo	G	P	Pct.	Dif.
Serranos	41	22	.651	-.-
Ciudad Habana	39	24	.609	2.5
Pinar del Río	36	27	.571	5.0
Camagüeyanos	34	29	.540	7.0
Las Villas	29	34	.460	12.0
Matanzas	27	36	.429	14.0
Agropecuarios	24	39	.381	17.0
Mineros	22	41	.349	19.0

Franger Reynaldo

Las quejas sobre el pitcheo continuaron en esta serie Selectiva y no es para menos, cuando el promedio de PCL en la justa no bajó de 4. Para colmo, a inicios de temporada, en doble juego dominical de Pinar contra Agropecuarios, escenificado en el estadio "Nelson Fernández" de San José de las Lajas, se llegaron a anotar la increíble cifra de 48 carreras en los dos partidos. El primer juego fue sonrisa para los pinareños 22-3, una verdadera salvajada, pero en el segundo, Agropecuarios arremetió contra los vegueros de igual manera.

Líderes Individuales

<u>Bateo</u>

C	63	**Orestes Kindelán**	Serranos
H	96	**Jorge García**	Serranos
2B	18	**Rolando Verde**	C. Habana
3B	9	**Evenecer Godinez**	Serranos
HR	30	**Orestes Kindelán**	Serranos
CI	84	**Orestes Kindelán**	Serranos
BB	57	**Javier Méndez**	C. Habana
BR	30	**Jorge García**	Serranos
K	61	**Alejo O'Reilly**	Camagüeyanos
Ave.	.392	**Amado Zamora**	Las Villas

<u>Pitcheo</u>

JL	27	**Fidencio Serrano**	Mineros
JI	16	**Rogelio García**	Pinar del Río
		Jorge Luis Valdés	Matanzas
		José Riveira	Las Villas
		Luis Tissert	Serranos
		Enrique Cutiño	Serranos
		Pedro Luis Palma	Mineros
JC	11	**Lázaro De la Torre**	C. Habana
Innings	128.2	**Enrique Cutiño**	Serranos
SO	111	**Enrique Cutiño**	Serranos
Lechadas	3	**Luis Tissert**	Serranos
		Jorge Vidal	Agropecuarios
Ganados	12	**Luis Tissert**	Serranos
Perdidos	11	**Pedro Luis Palma**	Mineros
Salvados	7	**Francisco Despaigne**	C. Habana
%Ganados	1000	**Jesús Bosmenier**	Pinar del Río
PCL	2.36	**B. Nápoles**	Camagüeyanos

XIII Serie Selectiva (1987)

> *"El béisbol es el único campo en el que un hombre puede tener éxito tres veces de cada diez y ser considerado un buen jugador."*
> Ted Williams

Esta selectiva llegó con más animación, lo cual se puede atribuir al hecho de que tres nuevos equipos ampliaban el interés de la afición por sus equipos. Vegueros venía de ganar la XXVI serie nacional disputada en una final contra el conjunto de Santiago de Cuba, en cuyo play off igualmente participaron Villa Clara e Industriales, por lo que la XIII Selectiva se pintaba sola para una revancha entre los conjuntos representativos de esas provincias.

Las nóminas de los equipos fueron las siguientes:

Pinar del Río
Director: Jorge Fuentes
Receptores: Juan Castro, Jorge Luis Cornelio, Pedro Luis Dueñas.
Cuadro: José Cano, Carmelo Pedroso, Omar Linares, Giraldo González, Juan de Dios León, Luis Álvarez, Raúl Ajete.
Jardineros: Luis Giraldo Casanova, Fernando Hernández, Lázaro Madera, Luis A. Guerra, Rogelio García González, Eusebio N. Rodríguez.
Lanzadores: Omar Ajete, Rogelio García Alonso, Reinaldo Costa, Emilio Hernández, Jesús Bosmenier, Ovidio Hano, Faustino Corrales, Carlos Pérez, Luis A. Hernández.

Ciudad Habana
Director: Pedro Chávez
Receptores: Pedro Medina, Juan Bravo, Leonel Díaz.
Cuadro: Roberto Colina, Juan Padilla, Rolando Verde, Germán Mesa, Lázaro Vargas, Enrique Díaz.

Jardineros: Javier Méndez, Alexis Cabreja, Antonio González, Orbe Luis Rodríguez, Antonio Sarduy, Antonio Scull, Luis García, Jorge Milián.

Lanzadores: Lázaro de la Torre, José Modesto Darcourt, Pablo Miguel Abreu, Orlando Hernández, René Arocha, Euclides Rojas, Francisco Despaigne, Jorge L. Valdés.

Agropecuarios

Director: José Miguel Pineda

Receptores: Pedro Luis Rodríguez, Jorge Tamayo, Álvaro Sanjudo.

Cuadro: Juan Carlos Millán, Eduardo Leal, Oscar Macías, Juan Carlos Calvo, Joaquín Martínez, José Costa, Gerardo Miranda.

Jardineros: Romelio Martínez, Pablo Pérez, Miguel Valiente, Luis Cuesta, Wilfredo Lorenzo.

Lanzadores: Carlos Yanes, Rafael Collazo, Jorge Vidal, José Ibar, Justo López, Mario Véliz, Gervasio Miguel Govín, Israel Alonso, Abilio Núñez, Jesús M. Duque.

Matanzas

Director: Félix Isasi Mestre

Receptores: Daniel Enríquez, Orlando Arencibia, Pedro Gil.

Cuadro: Julio Germán Fernández, Arturo Sánchez, Leonardo Goire, Alberto Díaz, Armando Dueñas, Israel García, Marcos Walters, Frank Carbó.

Jardineros: Lázaro Junco, Fernando Sánchez, Pablo Hernández, Wilfredo Méndez, Jesús Figueroa, Guillermo Heredia.

Lanzadores: Jorge Luis Valdés, Rafael Rodríguez, Rogelio Amores, Carlos Valido, Roberto Álvarez, Carlos de la Torre, Luis Torriente, José Cantero, Reynold Alfonso, Roberto Domínguez.

Las Villas

Director: Eduardo Martín Saura

Receptores: Alberto Martínez, Ángel López, Gerardo Santos.

Cuadro: Antonio Muñoz, Miguel Rojas, Eddy Rojas, Pedro Jova, Rafael Orlando Acebey, Aldo Suárez del Villar, José Feliciano González.

Jardineros: Amado Zamora, Lourdes Gurriel, Víctor Mesa, Remberto Rosell, José Méndez, Lázaro Martínez.

Lanzadores: José Ramón Riscart, José Riveira, Reinaldo Santana, Rolando Arrojo, Blas Guillén, Juan Ramírez, Roberto Almarales, Guillermo Martín, Arnaldo Bueno, Liván Angarica.

Camagüeyanos

Director: Miguel Borroto

Receptores: Miguel Zayas, Oscar Sarduy, Mariano Marín.

Cuadro: Alejo O´Reilly, Raúl González, Pablo Primelles, Luis Ulacia, Sergio Quesada, Juan V. Artiles, Juan García.

Jardineros: José García, Julio Castillo, Reinaldo Fernández, Rolando Cardo, Bárbaro Mora, Osmel Rodríguez.

Lanzadores: Andrés Luis Martínez, Noel Semanat, Manuel Álvarez, Julio Mantilla, Omar Carrero, Ramón Espinosa, Claudelino Jiménez, Iván González, Rodolfo Quintana, Fernando Tejeda, Raúl Rangel

Mineros

Director: Carlos Martí

Receptores: Carlos Barrabí Leyva, Alberto Hernández, Oel Brito.

Cuadro: Eleazar González, Ibrahim Fuentes, Pedro Mora, Félix Benavides, Jorge Cruz, Silvino González, Félix Cabrera.

Jardineros: Pablo Bejerano, Víctor Bejerano, Ermidelio Urrutia, Luis Álvarez Estrada, Jorge Causillo.

Lanzadores: Félix Núñez, Pedro Luis Palma, Isidro González, Felipe Díaz, Oscar Gil, Alberto Álvarez, José Miguel Báez, Virgilio Moroso, Abigail Escalona, Reidel Morales.

Serranos

Director: Higinio Vélez

Receptores: Orestes Kindelán, Modesto Larduet, Alexis Durruthi.

Cuadro: Agustín Lescaille, Antonio Pacheco, Evenecer Godínez, Gabriel Pierre, Juan Muñoz, Sócrates Hernández.

Jardineros: Jorge García Carrión, Fidel García, Fausto Álvarez, Leonel Bueno, Gerardo Simón, Rubén Prevot.

Lanzadores: Luis Tissert, José Luis Alemán, Osvaldo Duvergel, Wilson Hawthorne, Adolfo Canet, Luis Gamboa, Rolando Rubio, José A. Machirán, Jorge Matos,

Llamó la atención la sustitución de Frangel Reynaldo, director de los campeones de la justa de 1986, por Higinio Vélez en el equipo Serranos, aunque esto no es primera vez que sucede. Lo más probable hay sido el pobre desempeño del equipo de Guantánamo en la Serie Nacional precedente (16-32 .333), entonces dirigido por Reynaldo. El estelar Wilfredo Sánchez dijo adiós y no estuvo más en nóminas matanceras. Lázaro Contreras había muerto en un lamentable asesinato, sensible baja para el conjunto Matanzas. Braudilio Vinent y Agustín Marquetti igualmente se despidieron del juego activo en el béisbol. Asomaban nuevas figuras, como Reemberto Rosell en Las Villas, Orlando "Duque" Hernández y Germán Mesa en el equipo Ciudad Habana. Unos se van y otros que vienen, ley de la vida.

Serranos le había cogido el gusto a la victoria y en esta serie tampoco quiso perderlo, aunque es justo destacar la batalla que le dio el conjunto Ciudad Habana nuevamente. No obstante, en el fin de semana del 11-12 de abril de ese año, Ciudad Habana, jugando en el Latino, intentó bajar a Serranos de la cima, y lo logró, ya que los había vencido en los dos primeros desafíos, con buenas faenas de los zurdos Pablo Miguel Abreu y José Modesto Darcourt, por lo que de ganar el tercero, el equipo se quedaba solo en la cúspide. No obstante, el lanzador guantanamero Osvaldo Duvergel se encargó de quitarle el sueño a los capitalinos y bajarlos nuevamente a la segunda posición. Llamó ese día la atención el control de Duvergel y su dominio de las esquinas.

Serranos, para lograr su victoria en esta serie selectiva, dependió extensamente de los brazos de Luis Tissert y Osvaldo Duvergel, a los que Vélez utilizó demasiado. Tissert lanzó 169 entradas en esta serie (record para series selectivas) y después de esta temporada, más nunca fue el lanzador dominante que fue entonces. Esos pitchers, además de buenas actuaciones de José Luis Alemán y de Wilson Hawthorne, tuvieron el apoyo ofensivo que les brindaron Jorge García, Antonio Pacheco, Orestes Kindelán, Fausto Álvarez y Evenecer Godínez.

Osvaldo Duvergel

Pinar del Río anduvo mal de bateo, a excepción de Omar Linares, mientras que Rogelio García Alonso continuaba mostrando su clase estelar, con bajo PCL, por debajo de 1.5 y un total de 12 victorias. El veloz Rogelio logró una tremenda hazaña al lanzar dos juegos de cero hits, cero carreras, el primero contra Camagüeyanos, eternas víctimas de los buenos lanzadores. El Ciclón de Ovas logró esa hazaña el 1 de marzo de 1987 en juego disputado en el estadio "Cándido González" de Camagüey, mientras que el segundo fue en Pinar del Río, exactamente tres semanas después, frente a los líderes Serranos. Algunos criticaron la anotación local, cuando se marcó error al batazo de Fidel García en la novena entrada, sobre el cual el inicialista José Canó no se posicionó bien. Realmente era un error, otro defensor de la primera más experimentado habría logrado el out. Así que guste o no a algunos, ese juego fue de cero hits, cero carreras.

Ciudad Habana luchó y le dio brillo a la segunda parte de la justa. Meritorio el desempeño de Vargas al bate, así como de Lázaro de la Torre y Darcourt en ese período. Camagüeyanos no lució nada, su ofensiva se limitó a lo que hicieron O´Reilly y Luis Ulacia, mientras los Villareños, una vez más, decepcionaban. Justo es resaltar el juego agresivo y alegre mostrado por Víctor Mesa, quien logró robar 30 bases. Agropecuarios mostró tremenda fuerza al bate, pero con eso solo no se gana. Mineros y su defensa fueron de lo peor de la justa.

Los problemas de disciplina continuaron, al extremo que la Comisión Nacional de Béisbol se vio obligada a sancionar por varias sub-series a los lanzadores René Arocha y Euclides Rojas, así como a los árbitros Nelson Díaz, Alfredo Paz, Pedro Seoane y Orlando Valdés, elencos de lujo en ambos casos.

Estado final de los equipos

Equipo	G	P	Pct.	Dif.
Serranos	42	21	.667	-.-
Ciudad Habana	41	22	.651	1.0
Pinar del Río	36	27	.571	6.0
Las Villas	32	31	.508	10.0
Matanzas	27	36	.429	15.0
Agropecuarios	25	38	.397	17.0
Mineros	25	38	.397	17.0
Camagüeyanos	24	39	.381	18.0

Líderes Individuales

<u>Bateo</u>

C	54	**Jorge García**	Serranos
H	88	**Antonio Pacheco**	Serranos
2B	16	**Orestes Kindelán**	Serranos
	16	**Antonio Pacheco**	Serranos
	16	**Pedro Luis Rodríguez**	Agropecuarios
	16	**Miguel Valiente**	Agropecuarios
3B	8	**Jorge García**	Serranos
HR	16	**Orestes Kindelán**	Serranos
	16	**Reinaldo Fernández**	Camagüeyanos
CI	60	**Orestes Kindelán**	Serranos
BB	67	**Romelio Martínez**	Agropecuarios
BR	30	**Víctor Mesa**	Las Villas
K	55	Luis Cuesta	Agropecuarios
Ave.	.384	**Luis Ulacia**	Camagüeyanos

Luis Ulacia de Camagüeyanos se alzó con el liderato de bateo, mientras que Kindelán repetía, abrazado con Reinaldo Fernández, en el renglón de jonrones, pero muy distante de los 30 disparados en la Selectiva anterior. El Tambor Mayor fue también co-líder en dobles conectados y encabezó las empujadas. Antonio Pacheco fue líder en hits y co-líder en dobles, mientras que Jorge García lideró las anotadas, lo cual da una idea de cómo batearon tres de los cuatro primeros en el orden al bate de los Serranos.

Antonio Pacheco

<u>Pitcheo</u>

JL	25	**Ramón Espinosa**	Camagüeyanos
JI	17	**Luis Tissert**	Serranos
	17	**Omar Ajete**	Pinar del Río
JC	17	**Luis Tissert**	Serranos
Innings	169	**Luis Tissert**	Serranos
SO	114	**Pablo Miguel Abreu**	C. Habana
Lechadas	4	**Jorge Luis Valdés**	Matanzas
Ganados	13	**Luis Tissert**	Serranos
	13	**Osvaldo Duvergel**	Serranos
Perdidos	9	**Roberto Almarales**	Las Villas
Salvados	5	**Reinaldo Santana**	Las Villas
		Euclides Rojas	C. Habana
%Ganados	.867	**Osvaldo Duvergel**	Serranos
PCL	1.25	**Rogelio García**	Pinar del Río

XIV Serie Selectiva (1988)

> *"El béisbol va de talento, trabajo duro, y estrategia.*
> *Pero en el fondo, va sobre amor, integridad y respeto."*
>
> Pat Gillick

La XXVII Serie Nacional volvió a concluir con triunfo para los Vegueros sobre los otros tres finalistas, Santiago de Cuba, La Habana y Camagüey. Cabe destacar que el conjunto habanero llegó superar a los Vegueros en la contienda regular, pero no así en la etapa conclusiva. Santiago fue el que mejor balance de ganados y perdidos presentó en esa serie, pero no pudo arrebatarle el banderín a los pinareños, por lo que la XIV Serie Selectiva se pintaba para enfrentamientos entre Pinar, Serranos, Ciudad Habana e incluso Agropecuarios.

Estas son las nóminas en esta serie:

Pinar del Río
Director: Jorge Fuentes
Receptores: Juan Castro, Pedro Luis Dueñas, Lázaro A. Castro, Luis Hernández.
Cuadro: José Cano, Alfonso Urquiola, Omar Linares, Giraldo González, Miguel Montalvo, Eddy Díaz, Roberto Moreno, Juan de Dios León, Alberto Peraza, Daniel Ferreiro.
Jardineros: Luis Giraldo Casanova, Lázaro Madera, Fernando Hernández, Luis Ángel Guerra, Juan Carlos Linares, Raúl Ajete, Juan Blanco.
Lanzadores: Reinaldo Costa, Omar Ajete, Rogelio García Alonso, Jesús Bosmenier, Carlos Pérez, Alberto Torres, Fidel Azcuy, Ricardo Zumeta, José L. Molinet, Domingo Ordaz,

Ciudad Habana
Director: Raúl Reyes

Receptores: Pedro Medina, Juan Bravo, Humberto Casamayor, Leonel Díaz.

Cuadro: Roberto Colina, Juan Padilla, Lázaro Vargas, Rolando Verde, Germán Mesa, Enrique Díaz, Jorge García, Jorge Salfrán

Jardineros: Javier Méndez, Antonio Sarduy, Antonio González, Alexis Cabreja, Orbe Luis Rodríguez, Jorge Milián, Luis García, Luis D. Pérez.

Lanzadores: René Arocha, Lázaro de la Torre, Pablo Miguel Abreu, Orlando Hernández, Lázaro Valle, Euclides Rojas, Ángel Leocadio Díaz, Ramón Tablado, Osvaldo Fernández Guerra, Rafael Gómez Mena.

Agropecuarios

Director: José Miguel Pineda.

Receptores: Pedro Luis Rodríguez, Felipe Gálvez, Arnaldo Fonseca, Emelino Fernández.

Cuadro: Juan Carlos Millán, Oscar Macías, Manuel Morales, Alejandro Ramos, Gerardo Miranda, Esteban Duarte.

Jardineros: Romelio Martínez, Pablo Pérez, Luis Crespo, Luis Ignacio González, Pedro Pérez, José M. Rodríguez, Luis Cuesta.

Lanzadores: José Ibar, Carlos Yanes, Gervasio Miguel Govín, Rafael Collazo, Eduardo Murgado, Ariel Prieto, Israel Alonso, Luis J. Rodríguez, Justo López, Mario Véliz, Jesús M. Duque, Nivaldo Barrios,

Matanzas

Director: Orlando Quirantes

Receptores: Marcos Walters, Rigoberto Martínez, Juan Manrique, Arturo Jovato.

Cuadro: Julio Germán Fernández, Juan Luis Baró, Frank Castellanos, Armando Dueñas, Alberto Díaz, Roberto Dueñas, Joel García, Frank Carbó.

Jardineros: Lázaro Junco, Fernando Sánchez, Pablo Hernández, Félix Isasi Jr., José Estrada, Guillermo Heredia.

Lanzadores: Jorge Luis Valdés, Rafael Rodríguez, José Cantero, Luis Torriente, Carlos de la Torre, Sergio Rodríguez, Modesto Pérez,

Carlos Mesa, Adolfo Vigoa, Facundo Morales, Jorge Antonio Martínez, Roberto Domínguez.

Las Villas
Director: Francisco Cantero
Receptores: Alberto Martínez, José Raúl Delgado, Ángel López.
Cuadro: Antonio Muñoz, Miguel Rojas, Lázaro López, Pedro Jova, Rafael Orlando Acebey, Aldo Suárez del Villar, Ramón Moré, Héctor Rodríguez.
Jardineros: Víctor Mesa, Lourdes Gurriel, Eddy Rojas, Amado Zamora, Eddy Rojas, Remberto Rosell, Miguel Vázquez, Ruperto Zamora,
Lanzadores: Reinaldo Santana, Rolando Arrojo, José Ramón Riscart, Blas Guillén, Roberto Almarales, Oscar Rodríguez, Roberto Compte, Luis Hernández, Ramón Castellanos, Ramón Gardón, Orlando Rodríguez, Guillermo Martín.

Camagüeyanos
Director: Miguel Borroto.
Receptores: Miguel Zayas, Oscar Sarduy, Mariano Marín, Carmelo Alfonso,
Cuadro: Alejo O´Reilly, Leonel Moa, Luis Ulacia, Sergio Quesada, Pablo Primelles, Raúl González, Juan V. Artiles, Humberto Bravo, Víctor Arrieta.
Jardineros: Carlos Ferie, Julio Castillo, Pablo Primelles, Rolando Cardo, Osmel Rodríguez, José A. Herrera.
Lanzadores: Andrés Luis Martínez, Buenafé Nápoles, Julio Mantilla, Ramón Espinosa, Richard Carrero, Jorge L. Duquesne, Claudelino Jiménez, Raúl Rangel, Noel Casals, Manuel Rabí, Teófilo Pérez.

Mineros
Director: Carlos Martí
Receptores: Carlos Barrabí Leyva, Alberto Hernández, Oel Brito.
Cuadro: Jorge Luis Dubois, Eleazar González, Pedro Mora, Félix Benavides, Jorge Cruz, Jorge Hierrezuelo, Félix Cabrera, Luis Pompa.

Jardineros: Víctor Bejerano, Pablo Bejerano, Ermidelio Urrutia, Luis Álvarez Estrada, Juan C. Luna.
Lanzadores: Félix Núñez, Pedro Luis Palma, Isidro González, Alberto Álvarez, Alberto González, Reidel Morales, José Miguel Báez, Juan Carlos Pérez, Misael López, Alejandro Cid, Abigail Escalona, Oscar Gil, Abel Charles.

Serranos
Director: Higinio Vélez
Receptores: Orestes Kindelán, Modesto Larduet, Idael Machado, Luis E. Padró.
Cuadro: Agustín Lescaille, Luis Danilo Larduet, Antonio Pacheco, Evenecer Godínez, Gabriel Pierre, Julián Muñoz, Orlando Jarrosay, Sócrates Hernández., Wilfredo Hernández.
Jardineros: Fidel García, Jorge García Carrión, Fausto Álvarez, Gerardo Simón, Rubén Prevot, Leonel Bueno.
Lanzadores: José Luis Alemán, Osvaldo Duvergel, Luis Tissert, Wilson Hawthorne, Adolfo Canet, Enrique Cutiño, Pedro Lubin, Emiliano Diament, Jorge Irbe, Rolando Rubio.

El equipo de Ciudad Habana, dirigido esta vez por Raúl Reyes, se mantuvo en punta hasta la penúltima semana del calendario, exactamente 50 días, mientras Pinar del Río le asediaba fuertemente desde la segunda mitad de la justa, donde tuvo la compañía de Serranos, equipo que, si bien comenzó mal, supo componerse por el camino, al extremo de situarse entre los candidatos a discutir el campeonato en la última semana del torneo.

El Habana contó con buen pitcheo de René Arocha, Orlando "Duque" Hernández, Lázaro de la Torre, y los relevos de Euclides Rojas, mientras que la ofensiva descansó sobre el bateo de Lázaro Vargas y de Antonio Sarduy, el que logró disparar 25 cuadrangulares. Así y todo, la nave capitalina no logró mantenerse a flote cuando en las últimas tres sub-series resbaló y por ahí se les fue el banderín.

Pinar del Río comenzó su asedio en la segunda mitad de la justa, donde el pitcheo de Omar Ajete y Reinaldo Costa se vieron apoyados por la ofensiva de Omar Linares, Lázaro Madera, Fernando Hernández y Luis Ángel Guerra. Pinar fue un equipo que logró tal cohesión, que resultaba muy difícil vencer cuando venían inspirados.

Estado final de los equipos

Equipo	G	P	Pct.	Dif.
Pinar del Río	40	23	.635	-.-
Ciudad Habana	39	24	.619	1.0
Serranos	36	27	.571	4.0
Las Villas	35	28	.556	5.0
Mineros	27	35	.435	12.5
Camagüeyanos	26	37	.413	14.0
Matanzas	25	37	.403	14.5
Agropecuarios	23	40	.365	17.0

Orientales levantó su juego igualmente en la segunda mitad, pero no lo suficiente para llevarse el campeonato. Antonio Pacheco llevó la voz cantante en el bateo de promedio de este equipo, a lo que se sumó el poder desbordante del Tambor Mayor, Orestes Kindelán, quien nuevamente lideró el departamento de jonrones, con 28 y totalizó la barbaridad de 51 cuadrangulares conectados entre la serie nacional y la selectiva. El pitcheo contó con los buenos servicios de José Luis Alemán y Enrique Cutiño.

Las Villas siguió siendo lo de siempre, poder y bateo, pero con un pitcheo nada sostenible. Así y todo, llegó a finales con posibilidades matemáticas de victorias. El resto del pelotón no es que se haya destacado de conjunto, aunque algunos peloteros de primera línea siguieron siendo los de siempre.

<u>Bateo</u>

C	69	**Orestes Kindelán**	Serranos
H	91	**Germán Mesa**	Habana
2B	22	**Luis A. Álvarez**	Mineros
3B	6	**Germán Mesa**	C. Habana
HR	28	**Orestes Kindelán**	Serranos
CI	68	**Omar Linares**	Pinar del Río
BB	56	**Romelio Martínez**	Agropecuarios
BR	35	**Víctor Mesa**	Las Villas
K	65	Pablo Primelles	Camagüeyanos
Ave.	.430	**Lourdes Gourriel**	Las Villas

Lamentablemente esta serie tuvo sus manchas y no pequeñas. Una de ellas fue el último juego entre Pinar y Serranos en el Guillermón. Esa noche veía el juego por la TV en Bayamo, donde coincidí con un viejo compañero de estudios, quien en un momento me preguntó si no veía cierto "majá" en el desempeño de los orientales en el partido. Un ¡no hombre! Fue mi respuesta, la que se confirmó cuando Pacheco disparó jonrón para empatar el desafío a 4 carreras. No obstante, me vi obligado a callar cuando en la novena entrada los jardineros orientales cometieron errores elementales, que se vieron complementados con metrallazo de Omar Linares, decisivo para la victoria de los pinareños. No me gustó aquel final. Si ganaba Serranos habría empate de pinareños y capitalinos, si perdía, Pinar sería campeón, como así lo fue. Personalmente creo que los jardineros de Serranos nos privaron de un emotivo play off en esa serie.

El equipo de Ciudad Habana tuvo también el extraordinario juego defensivo de su combinación alrededor de segunda, a base de Germán Mesa y Juan Padilla, el bateo de Antonio Sarduy, Javier Méndez y del mismo Germán Mesa, líder en hits en esta justa, mientras que el pitcheo estuvo encabezado por la labor de Orlando "Duque"

Hernández, Lázaro Valle y René Arocha. Tampoco se puede dejar de mencionar la labor de Euclides Rojas como apagafuegos.

La Serie Selectiva se caracterizó por muchos problemas de disciplinas. Por ejemplo, Lázaro de la Torre se fue a las manos con un aficionado en las gradas. Modesto Larduet fue suspendido por indisciplina, por beber ron o aguardiente durante un juego. Wilson Hawthorne se enfadaba, con malas formas, cuando se le relevaba justificadamente al ser bateado.

A finales de abril 1988, tuvo lugar una serie en Sancti Spíritus, donde los aficionados cargaron sobre los árbitros violentamente. Ramón Véliz cantó out en una jugada, en la que se deslizaba Víctor Mesa, quien protestó y terminó expulsado del juego, lo suficiente para que los ánimos se caldearan. Una vez terminado el desafío, los agresores se lanzaron al terreno y el resto ya uno se lo podrá imaginar.

René Arocha, Lázaro Valle y Orlando "Duque Hernández

Otro problema visto desde hace años es la cantidad de aficionados que entraban al estadio con botellas de ron. Aquí no es tan solo el hecho de beber alcohol en el estadio, algo que no debiera ser, sino la tenencia de botellas que se convierten en armas para una agresión. En más de una oportunidad vimos a fanáticos insatisfechos y rabiosos tirando botellas al terreno.

<u>Pitcheo</u>

JL	35	**Enrique Cutiño**	Serranos
JI	18	**Guillermo Martín**	Las Villas
	17	**Omar Ajete**	Pinar del Río
JC	10	**René Arocha**	C. Habana
Innings	134.1	**Enrique Cutiño**	Serranos
SO	106	**René Arocha**	C. Habana
Lechadas	4	**René Arocha**	C. Habana
Ganados	10	**Lázaro Valle**	C. Habana
Perdidos	10	**José Miguel Báez**	Mineros
		José Ibar	Agropecuarios
Salvados	6	**Euclides Rojas**	C. Habana
%Ganados	.818	**José Luis Alemán**	Serranos
PCL	3.18	**Orlando Hernández**	C. Habana

XV Serie Selectiva (1989)

La XXVIII Serie Nacional tuvo un nuevo campeón y algunos nuevos finalistas. Santiago de Cuba nuevamente en la final, pero con resultado inferior al de los dos líderes de la zona occidental, Industriales y Henequeneros. A Santiago le fue realmente difícil la clasificación al quedar abrazado con Granma y Camagüey en el primer lugar de la zona oriental. Al final los de la tierra de los tinajones fueron eliminados. Santiago vino dispuesto a todo y se llevó la justa al ganar 5 juegos de 6. Los Industriales dieron batalla, pero se quedaron cortos por un juego contra los indómitos. Así que una nueva selectiva y otra ocasión para revancha entre Ciudad Habana y Serranos.

Las nóminas de equipos fueron las siguientes:

Pinar del Río
Director: Jorge Fuentes
Receptores: Juan Castro, Lázaro Arturo Castro, Pedro Luis Dueñas, Jorge Luis Cornelio
Cuadro: Luis Giraldo Casanova, Omar Linares, Giraldo González, Miguel Montalvo, Antonio Morejón, Luis Álvarez, Juan de Dios León, Lázaro Murillo.
Jardineros: Lázaro Madera, Fernando Hernández, Juan Carlos Linares, Luis Ángel Guerra, Juan Blanco, Eddy Díaz, Raúl Ajete, Rogelio García González,
Lanzadores: Omar Ajete, Reinaldo Costa, Alberto Torres, Ricardo Zumeta, Fidel Azcuy, Jesús Bosmenier, Leovigildo Casanova, Pablo Crespo, Ariel Alpizar, Domingo Ordaz.

Ciudad Habana
Director: Rodolfo Puente

Receptores: Juan Bravo, Iván Correa, Humberto Casamayor,
Armando Ferreiro
Cuadro: Juan Padilla, Lázaro Vargas, Germán Mesa, Rolando Verde,
Enrique Díaz, Luis G. Pestana, Jorge García, Jorge Salfrán, Alberto
Fresneda.
Jardineros: Javier Méndez, Antonio Sarduy, Orbe Luis Rodríguez,
Luis García, Luis D. Pérez, Antonio González.
Lanzadores: René Arocha, Euclides Rojas, Lázaro Valle, Lázaro de
la Torre, Orlando Hernández, Osvaldo Fernández Guerra, Ángel
Leocadio Díaz, Pablo Miguel Abreu, Leonardo Tamayo, José
Modesto Darcourt, Rafael Gómez Mena.

Agropecuarios
Director: José Miguel Pineda
Receptores: Pedro Luis Rodríguez, Arnaldo Fonseca, Felipe Gálvez,
Ismael Scull.
Cuadro: Juan Carlos Millán, Eduardo Leal, Oscar Macías, Manuel
Morales, Alexander Ramos, Juan A. Torriente, Juan Carlos Calvo,
Wilfredo Lorenzo, Osvaldo Piedra.
Jardineros: Luis Cuesta, Romelio Martínez, Gerardo Miranda, Luis
Ignacio González, Ulisés Santiestieban.
Lanzadores: José Ibar, Ariel Prieto, Eduardo Murgado, Mario Véliz,
Gervasio Miguel Govín, Javier Gálvez, Carlos Yanes, Ricardo
Limonta, Luis J. Rodríguez, Jesús M. Duque, Jorge Garlobo,
Eduardo Rivera.

Matanzas
Director: Gerardo "Siles" Junco
Receptores: Juan Manrique, Jesús Figueroa, Orlando Arencibia.
Cuadro: Julio Germán Fernández, Juan Luis Baró, Carlos Kindelán,
Frank Castellanos, Armando Dueñas, Alberto Díaz, Marcos Walters,
Leonardo Goire.
Jardineros: Fernando Sánchez, Lázaro Junco, Wilfredo Méndez, José
Estrada, Pablo Hernández.
Lanzadores: Jorge Luis Valdés, Rafael Rodríguez, José Cantero,
Carlos Mesa, Sergio Rodríguez, Eduardo Terry, Ariel Tapanes,

Carlos de la Torre, Modesto Pérez, Rolando Hernández, Jorge
Antonio Martínez, Anselmo Martínez, Rogelio Amores.

Las Villas
Director: Abelardo Triana
Receptores: Alberto Martínez, Ángel López, Julio Inufio.
Cuadro: Antonio Muñoz, Miguel Rojas, Pedro Jova, Aldo Suárez del
Villar, Lázaro López, Tomás Varela, Oscar Machado, Rafael
Orlando Acebey, Héctor Rodríguez.
Jardineros: Lourdes Gurriel, Víctor Mesa, Amado Zamora, Ruperto
Zamora, Eddy Rojas, José Méndez, Remberto Rosell, Lázaro
Martínez.
Lanzadores: Rolando Arrojo, Reinaldo Santana, José Ramón Riscart,
Adiel Palma, Juan Ramírez, Dessy Lomba, Guillermo Martín,
Roberto Compte, Roberto Almarales, Idonis Martínez, Ramón
Gardón, Bárbaro Arruebarruena.

Camagüeyanos
Director: Miguel Borroto
Receptores: Oscar Sarduy, Mariano Marín, Carmelo Alfonso,
Orlando Lugo.
Cuadro: Alejo O´Reilly, Leonel Moa, Luis Ulacia, Sergio Quesada,
Miguel Caldés, Ernesto Baró, Lázaro O´Farrill,
Jardineros: Julián Piper, José Carlos Sarduy, José García, Pablo
Primelles, Víctor Arrieta, Osmel Rodríguez, Raúl González.
Lanzadores: Andrés Luis Martínez, Teófilo Pérez, Julio Mantilla,
Buenafé Nápoles, Jorge Luis Duquesne, Ramón Espinosa, Richard
Carrero, Rodolfo Quintana, Manuel Rabí, Osmani Cobas, Felipe
Fernández, Jorge F. Armenteros.

Mineros
Director: Carlos Martí
Receptores: Carlos Barrabí Leyva, Alberto Hernández, Francisco Pérez.
Cuadro: Eleazar González, Ibrahim Fuentes, Pedro Mora, Jorge Cruz, Félix Benavides, Silvino González, Félix Cabrera, Mariano González.
Jardineros: Ermidelio Urrutia, Víctor Bejerano, Pablo Bejerano, Raúl Hidalgo, Juan Carlos Luna, Luis Álvarez Estrada, Felicio García.
Lanzadores: Félix Núñez, José Miguel Báez, Osvaldo Fernández Rodríguez, Ernesto Guevara Ramos, Oscar Gil, Pedro Luis Palma, Abigail Escalona, Misael López, Gustavo Labernia, Idalberto Castillo, Luis García, Isidro González.

Serranos
Director: Higinio Vélez
Receptores: Modesto Larduet, Luis E. Padró, Ideliso Duvergel.
Cuadro: Agustín Lescaille, Fidel García, Antonio Pacheco, Evenecer Godínez, Gabriel Pierre, Julián Muñoz, Sócrates Hernández, Orlando Jarrosay, Roilán Aleaga.
Jardineros: Orestes Kindelán, Jorge García Carrión, Fausto Álvarez, Gerardo Simón, Alcides Massó, Leonel Bueno.
Lanzadores: Luis Tissert, José Luis Alemán, Wilson Hawthorne, Osvaldo Duvergel, Juan C. Beltrán, Adolfo Canet, Ariel Cutiño, Jorge Matos, Emiliano Diament, Luis F. Chaveco, Guzmán Ortiz.

Se nota la ausencia del receptor-inicialista-designado Pedro Medina por retiro definitivo del juego activo, uno de los peloteros de la capital que más colorido le dio a las Series Nacionales y Selectivas, persona muy seria en su trabajo, que siempre supo aportar a la causa de los equipos que integró incluyendo la selección nacional.

Las Villas después de perder su primer juego frente a Pinar del Río tejió una cadena de 13 victorias, record que superaba la implantada por ese equipo en la selectiva de 1977. La cadena de victorias quedó rota en el segundo desafío de doble dominical, en Cienfuegos, contra el conjunto de Serranos. Una semana antes Las Villas visitó la Isla de la Juventud para una sub-serie con Agropecuarios, donde los visitantes batearon a su antojo, anotando 49 carreras en esos tres partidos. Víctor Mesa disparó 3 jonrones en uno de sus juegos e impulsó 7, a la vez que anotaba cinco veces, y el torpedero-jardinero Juan Carlos Calvo del equipo home club, se estrenaba como lanzador.

El conjunto Habana supo emprender el camino de las victorias y se metió de lleno en la lucha por el banderín. A su bateo y pitcheo se unió una buena defensa, sobre todo alrededor del segundo saco, donde hicieran combinación, se diría histórica, Juan Padilla y Germán Mesa.

A Pinar esta vez no le salieron bien las cosas. Su pitcheo y bateo no estuvo a la altura de otros campeonatos, algunas figuras ya iban tocando la puerta del retiro, por lo que esta vez se tuvieron que conformar con liderar la segunda división de la justa.

Serranos tampoco tuvo un buen desempeño. El conjunto de Santiago de Cuba había triunfado en la serie nacional precedente (XXVIII Serie Nacional), y son pocos los equipos que lograron llevarse banderines consecutivos en nacionales y selectivas. A veces el cansancio juega su papel, no tan sólo físico, sino psicológico también.

El resto de los conjuntos se comportaron al nivel que de ellos se esperaba. Otro resultado habría sido una sorpresa.

Ciudad Habana y Las Villas tuvieron una serie final en el Latinoamericano. Si los de la capital ganaban dos, adiós a los Villareños, pero si los del centro ganaban dos, habría empate y a jugar serie extra de tres juegos a ganar dos.

El primer juego de esta última serie, ganado por Ciudad Habana, tuvo sus cosas. El cienfueguero Roberto Almarales le lanzó pegadito repetidamente a Lázaro Vargas, lo que provocó bronca y la expulsión de ambos del juego. Rolando Verde sustituyó a Vargas en la antesala. Luego vino una jugada que siempre recordaremos, roletazo difícil a tercera, fildeó Rafael Orlando Acebey, el tiro algo desviado no se hizo esperar, Antonio Muñoz no pudo fildearlo, y atrás vino lo inconcebible, lo nunca visto en un juego de pelota, Acebey le fue arriba a Muñoz para regañarlo por no haber fildeado la bola. Muñoz trató de calmarlo y aguantar todo lo que le dijo, se disculpaba realmente, pero el Gigante del Escambray no es de piedra y finalmente terminó llorando. Lloraba de vergüenza, ¿Qué necesidad tenía Acebey de hacer ese show? ¿Qué necesidad había de abochornar a su compañero de equipo públicamente? Acebey siempre será recordado por su famoso triple play sin asistencia y su gran defensa, pero también por este incidente negativo y su pobre bateo. Muchos de los que vimos lo sucedido, nunca hemos aprobado esa actitud. Acebey fue sustituido sabiamente por el director Triana, quien mandó a Lázaro López a cubrir la posición.

Las Villas ganó el doble dominical al siguiente día y hubo serie extra, cuyo primer juego en el Latinoamericano lo decidió con jonrón, precisamente, Antonio Muñoz sobre los envíos del derecho reglano Rafael Gómez Mena.

El último juego, el 11 de mayo de 1989, se efectuó en el "Genaro Melero" de Jatibonico, algo que nunca he logrado entender. Por mucho que digan y redigan, el juego de play off se debe jugar en los parques con las mayores condiciones, e incluso donde pueda haber la mayor asistencia posible. Había dos parques mejores, disponibles para eso, el Sandino de Santa Clara y el "5 de septiembre" de Cienfuegos. Las Villas superó a Ciudad Habana con pitcheo del zurdo Adiel Palma, una de estas derrotas habaneras fue a la cuenta del estelar Lázaro Valle. Finalmente, Las Villas se coronó campeón, aunque es justo reconocer la garra de los derrotados, los que nunca se dieron por vencidos.

Eddy Rojas

Es importante recalcar que además del bateo de los ya establecidos Muñoz, Gurriel y Mesa en el conjunto Las Villas, hubo dos hombres que igualmente rindieron muchísimo al bate, como fueron Eddy Rojas y el torpedero Adolfo Suárez del Villar, ni que hablar de la desbordante ofensiva del designado Amado Zamora, quien se coronó nuevamente como líder de bateo con promedio por encima de .400. Dentro de los lanzadores, justo es reconocer la laboriosidad del derecho Reinaldo Santana como relevista dentro de este equipo.

El villareño Eddy Rojas conectó 100 hits, record para estas series selectivas, mientras que el antesalista santiaguero Gabriel Pierre disparaba 28 dobles, igualmente record, que permanecieron hasta la desaparición de estas justas.

En todo torneo ocurren hechos inesperados, uno de ellos con el veloz Víctor Mesa, situado en tercera base, fue puesto out en home con batazo incogible al jardín izquierdo, lo que demuestra que un lapso mental cualquiera lo tiene.

Estado final de los equipos

Equipo	G	P	Pct.	Dif.
Las Villas	45	18	.714	-.-
Ciudad Habana	45	18	.714	-.-
Serranos	33	30	.524	12.0
Camagüeyanos	32	31	.508	13.0
Pinar del Río	30	33	.476	15.0
Mineros	27	36	.429	18.0
Agropecuarios	24	37	.393	20.0
Matanzas	14	47	.230	30.0

Líderes Individuales

<u>Bateo</u>

C	72	**Eddy Rojas**	Las Villas
H	100	**Eddy Rojas**	Las Villas
2B	28	**Gabriel Pierre**	Serranos
3B	8	**Aldo Suárez del Villar**	Las Villas
HR	25	**Eddy Rojas**	Las Villas
CI	76	**Eddy Rojas**	Las Villas
BB	62	**Orestes Kindelán**	Serranos
BR	21	**Luis Ulacia**	Camagüeyanos
K	56	**Leonel Moa**	Camagüeyanos
Ave.	.413	**Amado Zamora**	Las Villas

Gabriel Pierre

Por segunda temporada consecutiva, el trío de ases de Ciudad Habana, Arocha, Lázaro Valle y Duque Hernández rindieron una extraordinaria temporada, a la que se suma su apagafuegos Euclides Rojas, así y todo, este conjunto no lograba ganar y se desmoronaba a la hora crítica.

Pitcheo

JL	26	**Reinaldo Santana**	Las Villas
JI	18	**José Miguel Baez**	Mineros
JC	10	**Osvaldo Duvergel**	Serranos
Innings	111	**José Miguel Baez**	Mineros
SO	98	**Buenafé Napoles**	Camagüeyanos
Lechadas	2	**René Arocha**	C. Habana
	2	**Buenafé Napoles**	Camagüeyanos
Ganados	10	**René Arocha**	Ciudad Habana
	10	**Osvaldo Duvergel**	Serranos
	10	**Lázaro Valle**	C. Habana
	10	**Reinaldo Santana**	Las Villas
Perdidos	10	**Omar Ajete**	Pinar del Río
		Jorge Luis Valdés	Matanzas
Salvados	11	**Euclides Rojas**	C. Habana
%Ganados	1000	**Lázaro Valle**	C. Habana
PCL	2.85	**Fidel Azcuy**	Pinar del Río

> *"El béisbol es mi escape. Las vistas,*
> *los sonidos, el olor del parque."*
> Alyssa Milano (Actriz, productora y ex-cantante)

La XIX Serie Nacional trajo los mismos finalistas que en la edición anterior, Henequeneros e Industriales por la zona occidental, y Santiago y Granma por la oriental. Esta vez fue una final cruzada, Santiago se enfrentó a Industriales, ocupante del segundo lugar de su zona, mientras Henequeneros se medían contra Granma. Los indómitos y los yumurinos fueron a la final, y contra todos los pronósticos Henequeneros se llevó el banderín, segunda vez que este equipo ganaba campeonato y el primer triunfo para el director Gerardo "Sile" Junco, algo que sin dudas debe haber animado a la afición matancera para la XVI Serie Selectiva. Matanzas no había ganado campeonato en estas series.

Las nóminas fueron las siguientes:

Pinar del Río
Director: Jorge Fuentes
Receptores: Lázaro Arturo Castro, Pedro Luis Dueñas, José A. Soto, Luis A. Hernández.
Cuadro: José L. Martínez, Luis Álvarez, Antonio Morejón, Omar Linares, Giraldo González, Juan de Dios León, Daniel Ferreiro, Lázaro Murillo.
Jardineros: Luis Giraldo Casanova, Fernando Hernández, Lázaro Madera, Juan Carlos Linares, Luis Ángel Guerra, Leonel González, Isidro Pérez.
Lanzadores: Omar Ajete, Domingo Ordaz, Faustino Corrales, Remigio Leal, Leovigildo Casanova, Lázaro Piña, Jesús Bosmenier, Eduardo Alea, Alberto Torres, Emilio J. Hernández, Fidel Azcuy.

Ciudad Habana
Director: Servio Borges
Receptores: Humberto Casamayor, Armando Ferreiro, Ricardo Miranda, Francisco Santiestieban.
Cuadro: Luis A. Álvarez, Jorge Salfrán, Antonio Scull, Juan Padilla, Germán Mesa, Rolando Verde, Jorge García, Reinaldo Ordóñez, Enrique Díaz.
Jardineros: Alexis Cabreja, Antonio González, Antonio Sarduy, Javier Méndez, Luis García y Luis D. Pérez.
Lanzadores: Lázaro de la Torre, Lázaro Valle, Orlando Hernández, Euclides Rojas, René Arocha, Rafael Gómez Mena, Osvaldo Fernández Guerra, Leonardo Tamayo, Jorge Fumero, Pablo Miguel Abreu, Iván Álvarez, Roberto Ibáñez.

Agropecuarios
Director: José Miguel Pineda
Receptores: Pedro Luis Rodríguez, Felipe Gálvez, Ángel Hoyos.
Cuadro: Juan Carlos Millán, Eduardo Leal, Oscar Macías, Alexander Ramos, Juan Carlos Calvo, Vladimir Hernández Castro, Osvaldo Piedra, Wilfredo Lorenzo,
Jardineros: Romelio Martínez, Luis Ignacio González, Luis Cuesta, Gerardo Miranda, Dioel Reyes, William Rodríguez.
Lanzadores: José Ibar, Carlos Yanes, Eduardo Murgado, Jorge Luis Machado, Eduardo Rivera, Justo López, Jesús M. Duque, Ariel Prieto, Luis J. Rodríguez, Gervasio Miguel Govín, Javier Gálvez, Ricardo Limonta.

Matanzas
Director: Gerard "Siles" Junco
Receptores: Juan Manrique, Jesús Figueroa, Marcos Walters, Carlos A. Hernández.
Cuadro: Julio Germán Fernández, Juan Luis Baró, Carlos Kindelán, Frank Castellanos, Eduardo Cárdenas, Roberto Dueñas, Alberto Díaz, Armando Dueñas.
Jardineros: Lázaro Junco, Fernando Sánchez, José Estrada, Guillermo Heredia, Pedro P. Medina, Iray García.

Lanzadores: Jorge Luis Valdés, Carlos Mesa, José Cantero, Jorge
Antonio Martínez, Rolando Hernández, Jorge L. Oviedo, Héctor
Domínguez, Carlos Valido, Rogelio Amores, Sergio Rodríguez,
Lázaro Garro.

Las Villas
Director: Abelardo Triana
Receptores: Alberto Martínez, Ángel López, Julio Inufio.
Cuadro: Antonio Muñoz, Miguel Rojas, Aldo Suárez del Villar,
Rafael Orlando Acebey, Lázaro López, Rafael Rodríguez, Ramón
Moré.
Jardineros: Eddy Rojas, Lourdes Gurriel, Víctor Mesa, Amado
Zamora, Luis Enrique Gurriel, Ruperto Zamora.
Lanzadores: José Ramón Riscart, Rolando Arrojo, Adiel Palma,
Reinaldo Santana, Dessy Lomba, Idonis Martínez, Nelson Ventura,
Eliécer Montes de Oca, Miguel Fabregat, Blas Guillén, Isidro
Moreno, Roberto Almarales.

Camagüeyanos
Director: Carlos Gómez
Receptores: Miguel Zayas, Oscar Sarduy, Mariano Marín, Carmelo
Alfonso.
Cuadro: Alejo O'Reilly, Leonel Moa, Luis Ulacia, Sergio Quesada,
Miguel Caldés, Ernesto Baró.
Jardineros: Julián Piper, Juan García, José García, Osmel Rodríguez,
José Carlos Sarduy, Víctor Arrieta, José A. Herrera.
Lanzadores: Buenafé Nápoles, Julio Mantilla, Eduardo Rosabal,
Richard Carrero, Teófilo Pérez, Jorge Luis Duquesne, Edel Pacheco,
Felipe Fernández, Abel Marín, Manuel Rabí, Omar Luis Martínez,
Rodolfo Quintana.

Mineros
Director: Carlos Martí
Receptores: Carlos Barrabí Leyva, Alberto Hernández, Oel Brito.

Cuadro: Pablo Bejerano, Jorge Luis Dubois, Alexis Griffin, Pedro Mora, Jorge Cruz, Jorge Hierrezuelo, Félix Cabrera, Félix Benavides, Francisco Pérez.
Jardineros: Ermidelio Urrutia, Víctor Bejerano, Juan Carlos Bruzón, Felicio García, José Ramos.
Lanzadores: Juan Carlos Pérez, Ernesto Guevara Ramos, Félix Núñez, Misael López, Osvaldo Fernández Rodríguez, Ridel Morales, Gustavo Labernia, Oscar Gil, Pedro Luis Palma, Idalberto Castillo, José Miguel Báez, Abel Charles.

Serranos
Director: Higinio Vélez
Receptores: Modesto Larduet, Luis E. Padró, Ideliso Duvergel.
Cuadro: Agustín Lescaille, Orestes Kindelán, Antonio Pacheco, Evenecer Godínez, Gabriel Pierre, Orlando Jarrosay, Julián Muñoz, Roilán Aleaga.
Jardineros: Jorge García Carrión, Fausto Álvarez, Francisco Cutiño, Leonel Bueno, Juan Muñoz, Gustavo León, Fidel García, Enrique Preval.
Lanzadores: José Luis Alemán, Osvaldo Duvergel, Giorge Díaz, Ariel Cutiño, Wilson Hawthorne, Adolfo Canet, Emiliano Diament, Rubén Rodríguez, Eulogio Simón, Juan C. Beltrán, Jorge Irbe.

Llama la atención aquí la designación, primero de Carlos Gómez para dirigir la nave de los Camagüeyanos. Recordemos que este mentor fue el que dirigió al campeón Camagueyanos en la III Serie Selectiva (1977). Gómez se reincorporó al trabajo de dirección del equipo Camagüey, el cual concluyó la XXIX Serie Nacional (1989-90) en sexto lugar de la zona oriental con registro de 24-24 .500.

La otra novedad fue designar a Servio Tulio Borges al frente del conjunto Ciudad Habana, como si fuera el hechicero que necesitaba este equipo para poder finalmente ganar después de tantas selectivas quedando en el segundo puesto. Borges no dirigió equipo en la serie nacional precedente (XXIX Serie), ganada finalmente por Henequeneros en serie play off contra Santiago de Cuba. El director de los Industriales, ocupante del segundo lugar en la zona occidental fue el ex-jardinero Antonio González Ferrer, y el de los Metros, ocupante del cuarto lugar en igual zona, Agustín Alonso. Resulta aún difícil entender la razón para que Rodolfo Puente no haya regresado al mando de Industriales en la Serie Nacional y de Ciudad Habana en la Selectiva, ya que sus resultados fueron buenos y podrían haber resultado en una victoria finalmente de los capitalinos sea en uno u otro campeonato.

Igualmente resultó sorprendente la no inclusión del antesalista Lázaro Vargas en el equipo de la capital para esta Selectiva. Si el asunto era de disciplina, era menester hablar con el pelotero, pero una cosa es hablar y otra es excluir a un pelotero que había ya integrado en más de una oportunidad al equipo Cuba. Esas diferencias personales entre director y un jugador no son admisibles. Vargas no es tan malo como persona cuando Jorge Fuentes poco después lo llevó en el equipo Cuba a los Panamericanos en la Habana (1991), incluso años después Vargas dirigió a los Industriales. El director designado puede tener su opinión, la que no la puede imponer a la Comisión provincial, encargada de velar por una buena selección y su funcionamiento correcto.

Así las cosas, el equipo Ciudad Habana arrancó en punta nuevamente. Su primera sub-serie fue contra Las Villas en Santa Clara, donde barrió sin piedad contra el equipo local. Las molidas fueron en grande y en el primer tercio de temporada, solo había un equipo invencible, ese era el de Ciudad Habana, donde sus lanzadores lo hacían a la altura de su clase, mientras que el bateo era encabezado por el siempre útil Javier Méndez. Su defensa también fue de lujo, con una línea central a base Padilla-Germán Mesa alrededor del segundo saco, Antonio González Vidal en el jardín central, hombre proa en la nave capitalina, que se llevó la corona de bateo con promedio por encima de los .400, además de embasarse en el 50,7 por ciento de las 219 comparecencias que tuvo al home, y Humberto Casamayor alternando con Armando Ferreiro como receptores. El pitcheo estuvo encabezado por el siempre eficiente Orlando "Duque" Hernández.

Antonio González Vidal

Los Agropecuarios de Pineda dieron batalla, ofensiva les sobraba y su pitcheo, sin ser nada de otro planeta, se comportó bien, lo que se tradujo en victorias y asedio a sus vecinos de Ciudad Habana. Romelio Martínez junto a Pedro Luis Rodríguez y Juan Carlos Millán integraron un trío de terror para los lanzadores adversarios.

Pinar se compuso y dio pelea como era de esperar, equipo que contó con un casi invencible Omar Ajete, el que logró la cifra record de 14 victorias, el zurdo Faustino Corrales en su temporada consagratoria, y los derechos Remigio Leal y Leovigildo Casanova, ambos igualmente envueltos en buenas temporadas. Omar Linares, como de costumbre, bateó todo lo que quiso y concluyó la temporada con promedio de .411.

El resto de los equipos estuvo muy por debajo de lo esperado por sus parciales, sobre todo un decepcionante Serranos, además de Las Villas, menos alejado del primer lugar, pero tampoco destacado. Del conjunto oriental se puede decir que Antonio Pacheco volvió a sobresalir ofensivamente, su promedio al final de temporada fue de .383.

No obstante, las cosas no son lineales y los de abajo se despiertan, mientras que los de arriba se tambalean, a veces peligrosamente, algo que Ciudad Habana conoció bien en la anterior selectiva. Sucede que todos los equipos quieren ganarle a los de la capital, y entonces juegan sus mejores desafíos contra Ciudad Habana. Aquí el lema es: *"Todos contra uno y uno contra todos"*. Y no es chiste, usar a un lanzador como Jorge Luis Valdés, abridor por excelencia, en tres juegos consecutivos contra el equipo de la capital, no tuvo otro nombre.

Llegado casi al final de temporada, Pinar se enfrentó a Ciudad Habana en el Latinoamericano, donde Omar Ajete venció y Orlando "Duque" Hernández salió derrotado en gran duelo de lanzadores, pero al siguiente día, Pinar salió en punta, ventaja que no pudo preservar, ya que los capitalinos le fueron con todo al abridor Remigio Leal, y no hubo lanzador pinareño que los contuviera. No faltó quien pensó en la solución Ajete, dicho hasta en la prensa de entonces. Esto no fue casual, ya que "Duque" Hernández lanzó bien como abridor en la última sub-serie contra Matanzas y 24 horas después fue usado como relevista, algo realmente abusivo. Precisamente el Duque le lanzó juego de cero hits, cero carreras al conjunto de Matanzas, el 8 de abril de 1990, en el mismo parque "Victoria de Girón" de Matanzas. Fue el último juego de este tipo lanzado en Series Selectivas.

Ciudad Habana ganó sin dudas y con holgura finalmente. Entrevistado el director del equipo, señaló que la victoria se debió a la disciplina y cohesión del equipo, y dotación de óptimas condiciones de alojamiento. Asombroso, así que Pedro Chávez, Raúl Reyes y Rodolfo Puente no merecieron esas óptimas condiciones para dirigir sus planteles de Ciudad Habana en series anteriores.

Estado final de los equipos

Equipo	G	P	Pct.	Dif.
Ciudad Habana	46	17	.730	-.-
Pinar del Río	41	22	.651	5.0
Agropecuarios	38	25	.603	8.0
Las Villas	31	32	.492	15.0
Mineros	25	38	.397	21.0
Matanzas	24	37	.393	21.0
Serranos	23	40	.365	23.0
Camagüeyanos	22	39	.361	23.0

Líderes Individuales

<u>Bateo</u>

C	63	**Gerardo Miranda**	Agropecuarios
H	90	**Omar Linares**	Pinar del Río
2B	24	**Ermidelio Urrutia**	Mineros
3B	5	**Juan Carlos Bruzón**	Mineros
HR	23	**Leonel Moa**	Camagüeyanos
CI	64	**Romelio Martínez**	Agropecuarios
BB	58	**Orestes Kindelán**	Serranos
BR	22	**Víctor Mesa**	Las Villas
K	66	**Leonel Moa**	Camagüeyanos
Ave.	.416	**Antonio González Vidal**	C. Habana

<u>Pitcheo</u>

JL	24	**Emiliano Diament**	Serranos
JI	17	**Omar Ajete**	Pinar del Río
JC	9	**Omar Ajete**	Pinar del Río
	9	**Remigio Leal**	Pinar del Río
	9	**Jorge Luis Valdés**	Matanzas
	9	**José Ibar**	Agropecuarios
Innings	134	**Omar Ajete**	Pinar del Río
SO	106	**Omar Ajete**	Pinar del Río
Lechadas	3	**Orlando Hernández**	Ciudad Habana
	3	**José Ibar**	Agropecuarios
Ganados	14	**Omar Ajete**	Pinar del Río
Perdidos	10	**Jorge Luis Valdés**	Matanzas
Salvados	6	**Javier Gálvez**	Agropecuarios
%Ganados	.909	**Orlando Hernández**	Ciudad Habana
PCL	2.20	**José Ibar**	Agropecuarios

XVII Serie Selectiva (1991)

*"Estoy convencido de que Dios quería que
yo fuera un jugador de Béisbol."*
Roberto Clemente

La XXX Serie Nacional (1990-91) concluyó con una final inédita, Henequeneros contra Camagüey. Los otros finalistas fueron Santiago de Cuba, eliminado en 3 juegos por Henequeneros, y el Habana, vencido por Camagüey igualmente en 3 juegos. Interesante que los campeones de ambas zonas resultaran eliminados en la primera ronda del play off. En la final, los yumurinos despacharon a los camagüeyanos en 5 juegos y así "Siles" Junco logró su segundo campeonato al frente de los Henequeneros de manera consecutiva.

Antes de iniciarse la XVII Serie Selectiva, Matanzas apareció como uno de los favoritos, nunca había ganado selectiva y uno de sus equipos en las dos últimas series nacionales se había presentado casi invencible, con un segundo lugar y dos campeonatos en manos. Algo similar se podía haber pensado sobre Camagüeyanos, pero la serie nacional es una cosa y la selectiva es otra por ser de más calidad en todos los aspectos del juego en el terreno.

Las nóminas esta vez fueron:

Pinar del Río
Director: Jorge Fuentes
Receptores: Lázaro Arturo Castro, Pedro Luis Dueñas, Yosvany Madera.
Cuadro: José L. Martínez, Yobal Dueñas, Omar Linares, Giraldo González, Juan de Dios León, Jorge L. Paula, Esteban Duarte, Félix Ajete.
Jardineros: Luis Giraldo Casanova, Lázaro Madera, Juan Carlos Linares, Luis Ángel Guerra, Jorge R. Gallardo, Fernando Hernández

Lanzadores: Omar Ajete, Faustino Corrales, Alberto Torres, Remigio Leal, Leovigildo Casanova, Jesús Bosmenier, Lázaro Piña, Ricardo Zumeta, Abel Madera, Osvaldo Jiménez.

Ciudad Habana
Director: Juan "Coco" Gómez
Receptores: Armando Ferreiro, Luis Puente, Juan Bravo.
Cuadro: Luis Álvarez Estrada, Roberto Colina, Juan Padilla, Germán Mesa, Lázaro Vargas, Rolando Verde, Jorge García, Reinaldo Ordóñez.
Jardineros: Antonio González, Javier Méndez, Alexis Cabrejas, Orbe Luis Rodríguez, Luis García, Luis D. Pérez.
Lanzadores: Osvaldo Fernández Guerra, Lázaro Valle, Orlando Hernández, Leonardo Tamayo, Jorge Fumero, Euclides Rojas, René Arocha, Lázaro de la Torre, Iván Álvarez, Luis J. Álamo, Francisco Despaigne.

Agropecuarios
Director: José Miguel Pineda
Receptores: Pedro Luis Rodríguez, Arnaldo Fonseca, Ángel Hoyos.
Cuadro: Juan Carlos Millán, Eduardo Leal, Oscar Macías, Alexander Ramos, Manuel Morales, Juan Carlos Torriente, Luis G. Pestana, Gerardo Lorenzo.
Jardineros: Romelio Martínez, Pablo Hernández, William Rodríguez, Gerardo Miranda, Luis Ignacio González, Dioel Reyes.
Lanzadores: Carlos Yanes, José Ibar, Luis J. Rodríguez, Gervasio Miguel Govín, Ariel Prieto, Eduardo Rivera, Eduardo Murgado, Javier Gálvez, Justo López, Roberto Álvarez, Ramón Castellanos.

Matanzas
Director: Gerardo "Siles" Junco
Receptores: Juan Manrique, Jesús Figueroa, Iván Almagro.
Cuadro: Julio Germán Fernández, Juan Luis Baró, Carlos Kindelán, Frank Castellanos, Eduardo Cárdenas, Armando Dueñas, Alberto Díaz, Marcos Walters.

Jardineros: Fernando Sánchez, José Estrada, Lázaro Junco, Wilfredo Menéndez, Guillermo Heredia, Félix Isasi Bustamante.

Lanzadores: Jorge Luis Valdés, Carlos Mesa, Carlos Pelayo, Rogelio Amores, José Cantero, Rolando A. Hernández, Ariel Tapanes, Edilberto Oropeza, Antonio Castro, Lázaro Suárez.

Las Villas

Director: Eduardo Martín Saura

Receptores: José Raúl Delgado, Ángel López, Mario Sandoval.

Cuadro: Lourdes Gurriel, Osmani García, Lázaro López, Rafael Orlando Acebey, Adolfo Suárez del Villar, Eduardo Paret, Jorge Luis Toca.

Jardineros: Víctor Mesa, Remberto Rosell, Eddy Rojas, Oscar Machado, Iván Rojas, Mario Zulueta.

Lanzadores: José Ramón Riscart, Reinaldo Santana, Adiel Palma, Rolando Arrojo, Eliécer Montes de Oca, José L. Bernal, Liván Angarica, Dessy Lomba, Pedro Hernández, Ramón Gardón, Roberto Compte.

Camagüeyanos

Director: Felipe Sarduy

Receptores: Miguel Zayas, Oscar Sarduy, Orlando Lugo.

Cuadro: Alejo O´Reilly, Leonel Moa, Raúl González, Luis Ulacia, Sergio Quesada, Ernesto Baró, Miguel Caldés, Juan V. Artiles.

Jardineros: Alcides Massó, Mariano Marín, Pablo Primelles, José García, Orlando González, Víctor Arrieta.

Lanzadores: Buenafé Nápoles, Teófilo Pérez, Andrés Luis Martínez, Felipe Fernández, Julio Mantilla, Rodolfo Quintana, Fernando Tejeda, Benito Castillo, Luis Guevara.

Mineros

Director: Carlos Martí

Receptores: Carlos Barrabí Leyva, Alberto Hernández, Oel Brito.

Cuadro: Pablo Bejerano, Jorge Luis Dubois, Pedro Mora, Félix Benavides, Jorge Cruz, Jorge Hierrezuelo, Diego Fonseca, Mariano González.

Jardineros: Juan Carlos Bruzón, Ermidelio Urrutia, Víctor Bejerano, Santiago Valerio Bejerano, Pablo Civil, Felicio García.
Lanzadores: Osvaldo Fernández Rodríguez, Gustavo Labernia, Juan Carlos Pérez, Wilson López, Isidro González, Pedro Luis Palma, José Miguel Báez, Ernesto Guevara Ramos, Oscar Gil, Idalberto Castillo.

Serranos
Director: Higinio Vélez
Receptores: Modesto Larduet, Rolando Meriño, Ideliso Duvergel.
Cuadro: Agustín Lescaille, Antonio Pacheco, Evenecer Godínez, Gabriel Pierre, Francisco Cutiño, Enrique Suárez, Alcides Sánchez, Osvani Cece.
Jardineros: Orestes Kindelán, Jorge García Carrión, Fausto Álvarez, Juan Muñoz, Leonel Bueno, Gustavo León.
Lanzadores: José Luis Alemán, Giorgi Díaz, Osvaldo Duvergel, Ariel Cutiño, Wilson Hawthorne, Rubén Rodríguez, Juan C. Beltrán, Jorge Irbe, Alberto Echeverría, Ormari Romero.

Como se observa, la presente serie fue el debut en selectivas de futuros peloteros destacados, como fueron Yobal Dueñas, Jorge Luis Toca, Eduardo Paret y Osmani Romero entre otros debutantes, también se notó la ausencia del gran Antonio Muñoz, ya retirado. Juan "Coco" Gómez hizo su estreno como director en Series Selectivas.

Ciudad Habana lideró buena parte de la justa, pero nuevamente sucumbió cuando faltaban 12 juegos para concluir la temporada. El buen desempeño de Ciudad Habana se debió al pitcheo de figuras como Lázaro Valle, quien logró 10 victorias, Orlando "Duque" Hernández y del zurdo Osvaldo Fernández Guerra.

En su camino se atravesó un renovado equipo de Pinar del Río, que dio la batalla final para poderse llevar el triunfo. El pitcheo de Omar Ajete, vencedor en 11 partidos, incluyendo el decisivo para llevarse el banderín, y el zurdo Alberto Torres fueron decisivos, lo que, unido a la ofensiva de Omar Linares, Luis Giraldo Casanova, Yobal Dueñas y Lázaro Madera, entre otros, ayudó a este empuje final y exitoso.

Tampoco se puede omitir el trabajo de Lázaro Arturo Castro detrás del plato, buen sustituto de los arreos que llevó durante años su tío, Juan Castro.

Los Serranos y Las Villas decepcionaron en esta justa, mientras que Matanzas continuó siendo un tranvía llamado deseo. El pitcheo de los indómitos no fue el mejor. En sus últimas sub-series contra Las Villas, sus lanzadores fueron vapuleados, pero más aún contra Agropecuarios, conjunto que les marcó 48 carreras en tres desafíos. Tampoco la ofensiva de Orestes Kindelán fue la mejor en esta serie.

Matanzas tuvo mejor comportamiento, pero, como siempre, una nave que nunca llegó al triunfo final. Su director, Gerardo Junco, supo encaminar el juego de sus peloteros y lograr mejores resultados, así y todo, no llegó. Notable fue la ofensiva de Fernando Sánchez y del gran slugger Lázaro Junco.

Estado final de los equipos

Equipo	G	P	Pct.	Dif.
Pinar del Río	41	22	.651	-.-
Habana	39	24	.619	2.0
Matanzas	35	28	.556	6.0
Serranos	30	33	.476	11.0
Agropecuarios	29	34	.460	12.0
Mineros	28	35	.444	13.0
Las Villas	27	36	.429	14.0
Camagüeyanos	23	40	.365	18.0

Las Villas no fue tampoco nada del otro mundo, la ofensiva no fue la de siempre, mientras que el pitcheo estuvo de acuerdo a las expectativas y peor en las postrimerías del campeonato.

Agropecuarios tuvo una ofensiva desbordante encabezada por el líder de los bateadores, Pedro Luis Rodríguez, y el líder en jonrones y carreras empujadas, Romelio Martínez. Lástima que este conjunto no le haya funcionado mejor su pitcheo, pues habría podido optar por mejores posiciones.

Líderes individuales

Bateo

C	66	**Omar Linares**	Pinar del Río
H	85	**Víctor Mesa**	Las Villas
2B	19	**Julio Germán Fernández**	Matanzas
3B	7	**Jorge García**	Serranos
HR	20	**Romelio Martínez**	Agropecuarios
CI	57	**Romelio Martínez**	Agropecuarios
BB	68	**Omar Linares**	Pinar del Río
BR	30	**Víctor Mesa**	Las Villas
K	60	Juan Muñoz	Serranos
Ave.	.380	**Pedro Luis Rodríguez**	Agropecuarios

Mineros presentó un elenco de pitcheo que mostraba calidad. Se trataba entonces del derecho Osvaldo Rodríguez Fernández, Gustavo Labernia, Wilson López y Juan Carlos Pérez, dos de ellos integraron posteriormente el equipo Cuba. A este equipo le falló su defensiva, mientras que su bateo fue algo inestable.

Camagüeyanos presentó a una figura notable como relevista, Felipe Fernández, quien logró ocho salvamentos en este conjunto, condenado al sótano de la serie.

JL	24	**Emiliano Diament**	Serranos
JI	17	**Remigio Leal**	Pinar del Río
JC	9	**Omar Ajete**	Pinar del Río
	9	**Jorge Luis Valdés**	Matanzas
Innings	131	**Omar Ajete**	Pinar del Río
SO	104	**Omar Ajete**	Pinar del Río
Lechadas	3	**Osvaldo Duvergel**	Serranos
Ganados	11	**Omar Ajete**	Pinar del Río
Perdidos	10	**Giorgi Díaz**	Serranos
Salvados	8	**Felipe Fernández**	Camagüeyanos
%Ganados	.909	**Lázaro Valle**	C. Habana
PCL	2.09	**Osvaldo Fernández Guerra**	C. Habana

Omar Ajete

XVIII Serie Selectiva (1992)

"El béisbol es como una partida de póquer. Nadie quiere dejar de jugar cuando está perdiendo. Nadie quiere que lo dejes cuando estás ganando."
Jackie Robinson

La XXXI Serie Nacional concluyó con un triunfo para Industriales sobre Henequeneros, equipos que habían barrido a sus contrincantes anteriores, Granma y Camagüey, respectivamente. Se notó la ausencia de equipos como Vegueros, cuarto lugar en la zona occidental, y de Santiago de Cuba, esta vez aventajado por Camagüey, Granma, Holguín y Las Tunas. Industriales, dirigidos por Jorge Trigoura, no dieron tregua y vencieron a los Yumurinos con 4 victorias y una derrota.

Esta nueva selectiva se efectuó con los equipos distribuidos en dos zonas: Occidental y Oriental, aunque todos jugaban entre sí, al final los vencedores se midieron en una serie de play off de siete desafíos, a ganar cuatro. También se notó la ausencia del lanzador René Arocha, quien había abandonado el equipo Cuba y decidió jugar en los circuitos profesionales de Estados Unidos. Las nóminas en esta serie fueron las siguientes:

Pinar del Río
Director: Jorge Fuentes
Receptores: Lázaro Arturo Castro, Yosvani Madera, Pedro Luis Dueñas.
Cuadro: José L. Martínez, Yobal Dueñas, Omar Linares, Giraldo González, Félix Ajete, Jorge L. Paula, José A. Estrada, Luis Álvarez M.
Jardineros: Luis Giraldo Casanova, Fernando Hernández, Lázaro Madera, Luis Ángel Guerra, Juan Carlos Linares, Jorge R. Gallardo.

Lanzadores: Omar Ajete, Alberto Torres, Faustino Corrales, Remigio Leal, Pedro Luis Lazo, Jesús Bosmenier, Leovigildo Casanova, Reinaldo Costa, Ricardo Zumeta, Abel Madera.

Ciudad Habana
Director: Jorge Trigoura
Receptores: Armando Ferreiro, Ricardo Miranda, Francisco Santiestieban.
Cuadro: Luis Álvarez Estrada, Roberto Colina, Juan Padilla, Lázaro Vargas, Germán Mesa, Enrique Díaz, Reinaldo Ordóñez.
Jardineros: Antonio González, Javier Méndez, Alexis Cabreja, Jorge Salfrán, Luis García, Orbe Luis Rodríguez.
Lanzadores: Lázaro de la Torre, Orlando Hernández, Osvaldo Fernández Guerra, Leonardo Tamayo, Francisco Despaigne, Pablo Miguel Abreu, Blas Bocourt, Roberto Ibáñez, Euclides Rojas, L. A. González, René Espín.

Agropecuarios
Director: José Miguel Pineda
Receptores: Pedro Luis Rodríguez, Juan M. Almeida, Arnaldo Fonseca, Ángel Hoyos.
Cuadro: Juan Carlos Millán, Oscar Macías, Alexander Ramos, Manuel Morales, Juan A. Torriente, Luis G. Pestana
Jardineros: Romelio Martínez, Pablo Hernández, Luis Ignacio González, Gerardo Miranda, Orlis Díaz, Dioel Reyes, William Rodríguez.
Lanzadores: Carlos Yanes, Eduardo Rivera, José Ibar, Ariel Prieto, Justo López, Gervasio Miguel Govín, Jesús M. Duque, Roberto Álvarez, José A. González, Luis J. Rodríguez.

Matanzas
Director: Gerardo "Siles" Junco
Receptores: Juan Manrique, Jesús Figueroa, Carlos A. Hernández.
Cuadro: Julio Germán Fernández, Juan Luis Baró, Carlos Kindelán, Frank Castellanos, Eduardo Cárdenas, Alberto Díaz, Armando Dueñas.

Jardineros: Fernando Sánchez, Lázaro Junco, José Estrada, Guillermo Heredia, Wilfredo Menéndez, Marcos Walters, Juan Valle.

Lanzadores: Jorge Luis Valdés, Carlos Mesa, Rogelio Amores, Lázaro Garro, Ariel Tapanes, Edilberto Oropesa, R. Delgado, Rolando A. Hernández, Julio C. Estévez.

Las Villas

Director: Rafael J. Torres

Receptores: José Raúl Delgado, Julio Inufio, Bárbaro del Sol

Cuadro: Lourdes Gurriel, Rafael Orlando Acebey, Lázaro López, Eduardo Paret, Héctor Rodríguez, Jorge Díaz.

Jardineros: Eddy Rojas, Víctor Mesa, Oscar Machado, Luis Enrique Gurriel, Remberto Rosell, Juan Mesa, León Castaño, Jorge Fernández, Mario Zulueta.

Lanzadores: Rolando Arrojo, José Ramón Riscart, Eliécer Montes de Oca, Idonis Martínez, Dessy Lomba, Liván Angarica, Bárbaro Arruebarruena, Roberto Compte, Miguel Hernández, Ramón Gardón, Iday Abreu.

Camagüeyanos

Director: Felipe Sarduy

Receptores: Oscar Sarduy, Lázaro O´Farrill, Iván Madrigal.

Cuadro: Leonel Moa, Sergio Quesada, Luis Ulacia, Miguel Caldés, Raúl González, Ernesto Baró, Juan García, Humberto Bravo.

Jardineros: José Ramos, Pablo Primelles, Osmel Rodríguez, Julio Castillo, Ismeldo Díaz, Víctor Arrieta.

Lanzadores: Buenafé Nápoles, Felipe Fernández, Téofilo Pérez, Richard Carrero, Jorge Luis Duquesne, Edel Pacheco, Luis Guevara, Fernando Tejeda, Julio Mantilla, Isidro González.

Mineros

Director: Carlos Martí

Receptores: Carlos Barrabí Leyva, Alberto Hernández, Oel Brito.

Cuadro: Pablo Bejerano, Jorge Luis Dubois, Pedro Mora, Félix Cabrera, Jorge Hierrezuelo, Diego Fonseca, Juan M. Gordo, Silvino González.
Jardineros: Ermidelio Urrutia, Juan Carlos Bruzón, Víctor Bejerano, José E. Lamarque, Santiago Valerio Bejerano, Luis Rodríguez.
Lanzadores: Osvaldo Fernández Rodríguez, José Miguel Báez, Juan Carlos Pérez, Gustavo Labernia, Wilson López, Idalberto Castillo, Oscar Gil, Ernesto Guevara Ramos, Alfredo. Fonseca.

Serranos
Director: Higinio Vélez
Receptores: Rolando Meriño, Luis E. Padró, Ideliso Duvergel
Cuadro: Agustín Lescaille, Antonio Pacheco, Evenecer Godínez, Gabriel Pierre, Orlando Jarrosay, Francisco Cutiño, Emrique Suárez, Manuel Benavides, Osvani Cece.
Jardineros: Orestes Kindelán, Jorge García Carrión, Fausto Álvarez, Rey Isaac, Leonel Bueno, Juan Muñoz.
Lanzadores: José Luis Alemán, Osvaldo Duvergel, Ariel Cutiño, Giorgi Díaz, Ángel Tumbarell, Ismael Duharte, Rubén Rodríguez, Ormari Romero, Alberto Hecheverría, Emiliano Diament, Eulogio Simón, Miguel A. Domínguez.

Como favorito desde los inicios aparecían los conjuntos de Ciudad Habana y Pinar del Río, algo que resultó valido, ya que concluidas las primeras cuatro sub-series, Ciudad Habana se presentaba con 10 ganados y 2 perdidos, mientras Pinar lo hacía para un 9-3. Los capitalinos venían con el estímulo de la victoria de los Industriales en la serie nacional, que fueran dirigidos por Jorge Trigoura, el mismo que ahora se hacía cargo de la nave capitalina en esta serie.

El resto de los equipos en ese inicio jugó para .500, como fue el caso de Agropecuarios y Mineros, mientras el resto iba por debajo. Sin embargo, las aguas fueron cogiendo su nivel. Ciudad Habana y Pinar continuaron con su buena marcha, mientras que Serranos levantaba su juego en la segunda mitad del torneo, aunque siempre castigado por los de arriba.

El final se tornó nuevamente impredecible para los capitalinos, equipo que había contado con buen pitcheo de Orlando "Duque" Hernández (10-2), Leonardo Tamayo (8-3), Lázaro de la Torre (9-5) y el zurdo Osvaldo Fernández Guerra (8-3), además de buena defensa y bateo de sus principales figuras.

Se repitió el resbalón de siempre al final cuando perdió sus sub-series contra Agropecuarios y Camagüeyanos. Eso le habría costado estar ausente en la discusión de la final de no haberse recuperado y ganar los juegos que lo coronaban como líder de la zona occidental.

Hay que apuntar que la zona occidental mostró mucha más calidad de juego que la oriental, pues además de Ciudad Habana y Pinar, el equipo de Matanzas tuvo un buen desempeño, el que no fue mejor debido a las deficiencias frecuentes de su pitcheo.

Del resto de los equipos, Agropecuarios bateó y sus lanzadores recibieron igual cuota de castigo. Camagüeyanos pasaron inadvertidos, mientras que Mineros se desplomó totalmente, ni ofensiva ni defensiva, aparte que sus lanzadores, muchos de ellos con tremendas condiciones, no mostraron todo su potencial. Fue así que este conjunto terminó en el sótano con el peor balance de victorias y derrotas.

En el orden individual hay que destacar la figura de Omar Linares, quien terminó de líder de los bateadores, con elevado promedio de .398, además de anotar 65 carreras, conectar 23 cuadrangulares e impulsar 58 anotaciones, lo que le valió la triple corona de bateo.

Estado final de los equipos

Zona Occidental

Equipo	G	P	Pct.	Dif.
Ciudad Habana	41	21	.661	-.-
Pinar del Río	37	26	.587	4.5
Matanzas	28	34	.452	13.0
Agropecuarios	27	36	.429	14.5

Zona Oriental

Equipo	G	P	Pct.	Dif.
Serranos	36	26	.571	-.-
Las Villas	30	32	.484	5.5
Camagüeyanos	27	35	.435	8.5
Mineros	24	39	.381	12.0

Líderes Individuales

<u>Bateo</u>

C	65	**Omar Linares**	Pinar del Río
H	96	**Remberto Rosell**	Las Villas
2B	19	**Pedro Luis Rodríguez**	Agropecuarios
3B	7	**Remberto Rosell**	Las Villas
HR	23	**Omar Linares**	Pinar del Río
CI	58	**Omar Linares**	Pinar del Río
BB	56	**Omar Linares**	Pinar del Río
BR	52	**Víctor Mesa**	Las Villas
K	53	**Romelio Martínez**	Agropecuarios
Ave.	.398	**Omar Linares**	Pinar del Río

La estrella del pitcheo fue Orlando "Duque" Hernández, el que logró
10 victorias, entre ellas 3 lechadas, y PCL de 2.23. Increíble fue la
consistencia de este lanzador en Series Selectivas, muy efectivo y
ganador.

<u>Pitcheo</u>

JL	25	**Jesús Bosmenier**	Pinar del Río
JI	15	**Osvaldo Fernández Rodríguez**	Mineros
	15	**Osvaldo Duvergel**	Serranos
	15	**Leonardo Tamayo**	C. Habana
JC	10	**Rolando Arrojo**	Las Villas
Innings	116.1	**Osvaldo Fernández Rodríguez**	Mineros
SO	89	**Faustino Corrales**	Pinar del Río
Lechadas	3	**Orlando Hernández**	C. Habana
Ganados	10	**Orlando Hernández**	C. Habana
Perdidos	9	**Gervasio Miguel Govín**	Agropecuarios
Salvados	10	**Felipe Fernández**	Camagüeyanos
%Ganados	.833	**Orlando Hernández**	C. Habana
PCL	2.23	**Orlando Hernández**	C. Habana

Llegada la final, todos los expertos daban por favorito al equipo de
Ciudad Habana, algo que no se puso en duda con el resultado del
primer juego (ver abajo). Serranos empató al día siguiente, pero en
Santiago de Cuba, los capitalinos se llevaron dos triunfos, lo que
dejaba poca esperanza a los indómitos a su regreso al
Latinoamericano.

No es primera vez que un equipo iba en desventaja a casa ajena para
decidir un play off y Serranos demostró que más valía el empuje y
agresividad en el terreno que todos los pronósticos habidos y por

haber. Ciudad Habana en su casa se derrumbó, ya que solo marcó una anotación en 18 entradas, mientras los cansados lanzadores orientales los dominaban a su antojo.

Resultados de los juegos de play off

Primer juego 18 de abril de 1992, Estadio Latinoamericano

	C	H	E
Serranos	2	9	1
Ciudad Habana	6	11	0

Ganó: Orlando Hernández
Perdió: Giorgi Díaz
Jonrones: Armando Ferreiro y Germán Mesa.

Segundo juego 19 de abril de 1992, Estadio Latinoamericano

	C	H	E
Serranos	8	9	0
Ciudad Habana	2	6	0

Ganó: Osvaldo Duvergel
Perdió: Lázaro de la Torre
Jonrones: Orestes Kindelán, Gabriel Pierre, Agustín Lescaille, Luis Álvarez Estrada.

Tercer juego 21 de abril de 1992, Estadio "Guillermón Moncada", Santiago de Cuba

	C	H	E
Ciudad Habana	7	12	0
Serranos	1	5	3

Ganó: Osvaldo Fernández Guerra
Perdió: Miguel A. Domínguez

Jonrón: Evenecer Godínez.

Cuarto juego 22 de abril de 1992, Estadio "Guillermón Moncada", Santiago de Cuba

	C	H	E
Ciudad Habana	4	5	2
Serranos	10	13	0

Ganó: Giorgi Díaz
Perdió: Francisco Despaigne
Jonrones: Luis E. Padró, Orestes Kindelán, Javier Méndez

Quinto juego 23 de abril de 1992, Estadio "Guillermón Moncada", Santiago de Cuba

	C	H	E
Ciudad Habana	7	13	0
Serranos	4	9	1

Ganó: Lázaro de la Torre
Perdió: Osvaldo Duvergel
Jonrones: Lázaro Vargas, Luis E. Padró

Además de los jonrones de Kindelán y otros estelares, llamó la atención el poder del receptor Luis Enrique Padró de Serranos, el que despachó 4 cuadrangulares en esta final, dos de ellos en el juego decisivo del 26 de abril de 1992.

Sexto juego 25 de abril de 1992, Estadio Latinoamericano, Ciudad Habana

	C	H	E
Serranos	5	11	0
Ciudad Habana	0	4	0

Ganó: Giorgi Díaz
Perdió: Orlando Hernández
Jonrón: Evenecer Godínez

Séptimo juego 26 de abril de 1992, Estadio Latinoamericano, Ciudad Habana

	C	H	E
Serranos	10	14	1
Ciudad Habana	1	3	2

Ganó: Osvaldo Duvergel
Perdió: Osvaldo Fernández Guerra
Jonrones: Luis E. Padró (2), Gabriel Pierre, Antonio Pacheco.

El director de Serranos, Higinio Vélez, una vez más utilizó desmedidamente su pitcheo estelar. No había día de descanso para los lanzadores guantanameros, pero como dijo Maquiavelo: *"El fin justifica los medios"*. Ciudad Habana no supo mostrar garra, algo que le golpeó nuevamente siete años después de esta final, en este caso Industriales vs Santiago de Cuba (serie final de la XXXVIII serie nacional 1998-1999).

XIX Serie Selectiva (1993)

> *"En un juego de béisbol pueden ocurrir tres cosas,*
> *puedes ganar, puedes perder o puede llover."*
> Casey Stengel

La XIX Serie Selectiva trajo una nueva estructura, donde en vez de ocho equipos, jugarían cuatro solamente. Esto obedecía a razones de carácter económico, ya que el país atravesaba el llamado Período Especial. Cuatro conjuntos implicaban una concentración de fuerza y calidad en cada uno de los equipos participantes. Cada uno jugarían 45 desafíos, o sea 15 contra cada equipo rival.

Precedentemente la XXXII Serie Nacional (1992-93) fue ganada por el conjunto de Villa Clara, dirigido por Pedro Jova, el cual eliminó a Santiago de Cuba sin mucha dificultad (4-1), y luego le ganó a Pinar del Río (4-2), equipo que había derrotado al equipo de Industriales convincentemente (4-0). Es por ese motivo que muchos dieron por favoritos al equipo de Centrales, el cual traía a los mejores peloteros de Villa Clara reforzados con otros de las provincias Ciego de Ávila y Camagüey. No obstante, la profundidad de pitcheo de Centrales no era la mejor comparada con la de Occidentales y Orientales.

Las nóminas de los equipos participantes:

Occidentales
Director: Jorge Fuentes
Receptores: Lázaro Arturo Castro, Pedro Luis Dueñas, Yosvani Madera
Cuadro: Roberto Colina, Daniel Lazo, Yobal Dueñas, Omar Linares, Giraldo González, Reinaldo Ordóñez, Eduardo Cárdenas, Alexander Ramos, Juan A. Torriente.
Jardineros: Juan Carlos Linares, Lázaro Junco, Lázaro Madera, Orlis Díaz, Gerardo Miranda, José Estrada.

Lanzadores: Omar Ajete, Jorge Luis Valdés, Pedro Luis Lazo, Faustino Corrales, Ariel Prieto, Carlos Yanes, Edilberto Oropesa, Orestes González, Alberto Torres, Eduardo Rivera.

Habana
Director: José Miguel Pineda
Receptores: Juan Manrique, Pedro Luis Rodríguez, Armando Ferreiro, Ricardo Miranda.
Cuadro: Juan Carlos Millán, Luis Álvarez Estrada, Juan Padilla, Germán Mesa, Oscar Macías, Lázaro Vargas, Rolando Verde.
Jardineros: Romelio Martínez, Javier Méndez, Luis Ignacio González, Oscar Valdés, Jorge García S., Luis García
Lanzadores: Lázaro Valle, Orlando Hernández, Lázaro de la Torre, Osvaldo Fernández Guerra, Rafael Gómez Mena, Euclides Rojas, Blas Bocourt, Francisco Despaigne, Jorge Fumero, José Ibar.

Centrales
Director: Pedro Jova
Receptores: Ángel López, José Raúl Delgado, Miguel Zayas.
Cuadro: Lourdes Gurriel, Jorge Luis Toca, Leonel Moa, Lázaro López, Rafael Orlando Acebey, Aldo Suárez del Villar, Jorge Díaz
Jardineros: Víctor Mesa, Oscar Machado, Rey Isaac, Remberto Rosell, Eddy Rojas,
Lanzadores: Rolando Arrojo, Iván González, Jorge Pérez, José Ramón Riscart, Teófilo Pérez, Edel Pacheco, Ariel Martínez, Eliécer Montes de Oca, Felipe Fernández, Abel Charles, Adiel Palma.

Orientales
Director: Franger Reynaldo
Receptores: Alberto Hernández, Carlos Barrabí Leyva, Luis E. Padró.
Cuadro: Orestes Kindelán, Pablo Bejerano, Antonio Pacheco, Evenecer Godínez, Marino Moreno, Gabriel Pierre, Jorge Hierrezuelo.
Jardineros: Ermidelio Urrutia, Ariel Benavides, José Lamarque, Fausto Álvarez, Juan Carlos Bruzón, Víctor Bejerano.

Lanzadores: Giorgi Díaz, Juan Carlos Pérez, Ernesto Guevara Ramos, Osvaldo Fernández Rodríguez, José Luis Alemán, Wilson López, Oscar Gil, Ormari Romero, José Miguel Báez, Alfredo Fonseca, Osvaldo Duvergel.

A muchos le llamó la atención la designación de José Miguel Pineda al frente del Habana. Jorge Trigoura había nuevamente realizado un buen trabajo con los Industriales, los que quedaron en la segunda posición de la zona Occidental de la serie nacional precedente. Sin embargo, es probable que la experiencia de Pineda haya pesado un poco más, mientras que la pollona recibida por Industriales en el play off igualmente se haya reflejado negativamente en la posible designación de Trigoura al frente de este conjunto. Franger Reynaldo regresó a estas funciones de director de equipo después de que ganara en la Selectiva de 1986.

La XIX Serie Selectiva se inauguró el 7 de marzo de 2019, con juego entre Orientales y Habana, ganado por los capitalinos.

Occidentales arrancó como se esperaba, su primera sub-serie fue contra Orientales, a los que vencieron 2-1, uno de esos partidos fue una de las dos lechadas que Omar Ajete lanzó en esta serie. La ofensiva era de otra galaxia, con Omar y Juan Carlos Linares, Yobal Dueñas, Lázaro Junco y Lázaro Madera.

Centrales despegó con una victoria per cápita contra Occidentales y Habana, pero igualmente recibió par de KO, el primero en el estadio de San José de las Lajas, con anotación de 11-1, y el otro en el Latino, 12-2. No obstante, la nave dirigida por Jova se mantuvo en la pelea en la primera mitad de la justa, rivalizando con el fuerte Occidentales, mientras que Habana y Orientales se comportaban de forma irregular.

A partir de la segunda mitad las aguas fueron cogiendo otro nivel. Occidentales perdieron los servicios de su superestrella, Omar Linares, el que recibió pelotazo en el pómulo. La ofensiva de hombres como Lázaro Madera y Lázaro Junco fue pobre realmente. Junco fue líder en jonrones en la serie nacional precedente y es probable que haya sentido cansancio en esta etapa del torneo. Tampoco le respondieron los lanzadores zurdos, con la excepción de Omar Ajete.

El Habana levantó su nivel de juego. A mitad de temporada Lázaro Vargas y Pedro Luis Rodríguez fueron sancionados por el resto de la temporada debido a una riña entre ellos, algo realmente incomprensible. Igualmente tuvieron a Lázaro de la Torre y José Ibar alejados del juego debido a lesiones. Así y todo, el equipo levantó su juego con el resto de sus peloteros, al extremo de discutir el título a los Orientales en la última semana de la justa.

Orientales no era visto como favorito, eso a pesar de tener uno de los mejores cuerpos de pitcheo en esta serie. Sin embargo, el director Frangel Reynaldo había sacado cálculo de que sus lanzadores tenían un promedio adverso de ganados y perdidos en los inicios de las series selectivas, por lo que era menester que sus pitchers mostraran todo su potencial un poco después y que la ofensiva se mostrara a igual nivel. Orientales tenía bateadores del calibre de Antonio Pacheco, Orestes Kindelán, Ermidelio Urrutia, Fausto Álvarez y Gabriel Pierre, como para causar pánico en cualquier cuerpo de lanzadores rivales. Lo que deseaba Reynaldo fue lo que sucedió en la segunda mitad de la serie. Su maquinaria comenzó a funcionar, aunque no sin tener tremenda resistencia de parte del resto de los rivales.

Así que Habana y Orientales ascendieron, Occidentales resbalaba peligrosamente y los Centrales se hacían dueños de la frialdad del sótano de la justa.

Llegada la semana final del torneo, Orientales se enfrentó al Habana, donde dividieron honores en los dos primeros desafíos, mientras que el tercero fue un rompecorazones. "Duque" Hernández mantuvo a los Orientales en un puño hasta el séptimo inning cuando los Orientales se alborotaron y anotaron las carreras suficientes para un abrazo a 6 carreras. En el octavo anotaron 2 más, las que parecían casi decisivas. Llegó el noveno y Franger Reynaldo apeló a los servicios de José Luis

Alemán para liquidar la novena entrada. Como dijera el gran receptor Yogi Berra: *"esto no se acaba hasta que no acaba"*. Alemán dio base por bolas y a continuación el receptor Juan Manrique disparó jonrón que empataba el juego a ocho carreras. No había acabado una emoción cuando llegó otra, esta vez por Jorge García (no confundirlo con el pelotero oriental del Central Mella, García Carrión), que igualmente le enganchó un lanzamiento a Alemán y puso a toda la afición habanera a brincar de júbilo.

Orientales tenía compromiso con Occidentales en Pinar del Río, por lo que los Habaneros sacaron cuentas que a los indómitos no les iría nada bien en el estadio "Capitán San Luis". Los cálculos no fueron los mejores, Orientales ganó dos juegos de esa sub-serie mientras que el Habana perdía sus tres compromisos ante Centrales en el mismo Latinoamericano.

Quedaba una esperanza, Orientales y Habana tendrían que chocar nuevamente en la sub-serie final. Los cálculos no funcionaban ya, el derecho granmense Ernesto Guevara Ramos ganaba el primer desafío y con esta victoria, Orientales se coronaba campeón de esta justa.

Estado final de los equipos

Equipo	G	P	Pct.	Dif.
Orientales	25	20	.556	-.-
Habana	24	21	.533	1
Occidentales	23	22	.511	2
Centrales	18	27	.400	7

Euclides Rojas

Líderes Individuales

<u>Bateo</u>

C	40	**Germán Mesa**	Habana
H	64	**Juan Carlos Linares**	Occidentales
2B	16	**Juan Carlos Linares**	Occidentales
3B	3	**Lázaro López**	Centrales
	3	**Miguel Caldés**	Centrales
HR	14	**Orestes Kindelán**	Orientales
CI	46	**Orestes Kindelán**	Orientales
BB	31	**Roberto Colina**	Occidentales
BR	15	**Víctor Mesa**	Centrales
K	30	**Romelio Martínez**	Habana
Ave.	.390	**Gerardo Miranda**	Occidentales

Gerardo Miranda

Pitcheo

JL	19	**Felipe Fernández**	Centrales
JI	12	**Osvaldo Fernández Guerra**	Habana
JC	4	**Omar Ajete**	Occidentales
	4	**Rafael Gómez Mena**	Habana
	4	**Rolando Arrojo**	Centrales
	4	**José Ramón Riscart**	Centrales
	4	**Faustino Corrales**	Occidentales
Innings	78	**Ernesto Guevara Ramos**	Orientales
SO	58	**Osvaldo Fernández Guerra**	Habana
Lechadas	2	**Omar Ajete**	Occidentales
Ganados	7	**Ernesto Guevara Ramos**	Orientales
Salvados	6	**Euclides Rojas**	Habana
Perdidos	6	**Teófilo Pérez**	Centrales
%Ganados	.750	**Ormari Romero**	Orientales
PCL	2.33	**Omar Ajete**	Occidentales

En esta victoria oriental mucho tuvo que ver el pitcheo de Osvaldo Fernández Rodríguez y de Guevara Ramos entre otros, además del bateo despiadado de Antonio Pacheco en estos últimos juegos. También en el área de pitcheo hay que destacar la labor de Euclides Rojas como apagafuegos, el mejor en este rol en Series Selectivas.

> *"Lo único que puedo hacer es jugar a béisbol.*
> *Es lo único que realmente sé hacer."*
> Mickey Mantle

La XXXIII Serie Nacional (1993-94) tuvo una final reñida y animada por Villa Clara, conjunto dirigido por Pedro Jova, contra los Industriales, que finalmente concluyó con el triunfo del conjunto villaclareño 4-3. Previamente Industriales había eliminado a Pinar del Río en 6 juegos y otro tanto hizo Villa Clara sobre el conjunto de Santiago de Cuba. Dado este resultado, nuevamente se daba por favorito a Centrales y a Occidentales. El primero vendría reforzado con peloteros de Camagüey y Ciego de Ávila, mientras que el segundo sería una fuerte selección de pinareños, matanceros y habaneros.

Las nóminas para esta penúltima justa de series selectivas fueron las siguientes:

Occidentales
Director: Jorge Fuentes
Receptores: Lázaro Arturo Castro, Juan Manrique, Yosvani Madera, Pedro Luis Dueñas, Arnaldo Fonseca.
Cuadro: Julio Germán Fernández, Yobal Dueñas, Omar Linares, Alexander Ramos, Alberto Díaz, Alberto Peraza, Eduardo Cárdenas, Reinier Capote, Félix Isasi Bustamante.
Jardineros: Juan Carlos Linares, José Estrada, Lázaro Junco, Lázaro Madera, Orilis Díaz, Daniel Lazo.
Lanzadores: Jorge Luis Valdés, Omar Ajete, Faustino Corrales, Remigio Leal, Alberto Torres, Carlos Yanes, Liván Hernández, Pedro Luis Lazo, Jesús Bosmenier, Lázaro Garro, Jorge Antonio Martínez, Carlos de la Torre.

Habana
Director: José Miguel Pineda

Receptores: Pedro Luis Rodríguez, Ricardo Miranda, Francisco Santiesteban, Iván Correa.
Cuadro: Roberto Colina, Juan Carlos Millán, Juan Padilla, Germán Mesa, Oscar Macías, Andy Morales, Enrique Díaz, Eduardo Valdés.
Jardineros: Orbe Luis Rodríguez, Gerardo Miranda, Carlos Tabares, Javier Méndez, Romelio Martínez, Luis E. Piloto, Jorge García.
Lanzadores: Orlando Hernández, Lázaro Valle, Euclides Rojas, Jorge Fumero, Blas Bocourt, José Ibar, Vladimir Núñez, Ariel Prieto, René Espín, Lorenzo González, Eduardo Rivera.

Centrales
Director: Pedro Jova
Receptores: Ángel López, José Raúl Delgado, Ariel Pestano, Liván O´Farrill
Cuadro: Lourdes Gurriel, Jorge Luis Toca, Luis Ulacia, Miguel Rojas, Jorge Díaz, Eduardo Paret, Miguel Caldés, Lázaro López, Rafael Orlando Acebey, Omar Arrozarena.
Jardineros: Oscar Machado, Víctor Mesa, Rey Isaac, Eddy Rojas, Iván Rojas, Pablo Primelles, Mario Zulueta.
Lanzadores: Rolando Arrojo, José Ramón Riscart, Omar Luis Martínez, Eliécer Montes de Oca, Teófilo Pérez, Fernando Tejeda, Edel Pacheco, Felipe Fernández, Adiel Palma, Ramón Gardón, Yosvani Aragón. Miguel A. Hernández.

Orientales
Director: Franger Reynaldo
Receptores: Alberto Hernández, Luis E. Padró, Carlos Barrabí Leyva, Rolando Meriño.
Cuadro: Orestes Kindelán, Pablo Bejerano, Antonio Pacheco, Manuel Benavides, Evenecer Godínez, Gabriel Pierre, Félix Benavides, Mario Moreno, Juan Pacheco.
Jardineros: Juan Carlos Bruzón, Ermidelio Urrutia, Jorge García Carrión, Fausto Álvarez, Leonel Bueno, Luis Rodríguez.
Lanzadores: José Luis Alemán, Ernesto Guevara Ramos, Osvaldo Fernández Rodríguez, Rubén Rodríguez, Misael López, Oscar Gil,

José Miguel Báez, Jorge Ochoa, Adolfo Canet, Miguel Pérez, Alfredo Fonseca, Osmani Tamayo Varcile.

Esta serie pasó sin muchas glorias y con poca publicidad. La revista Bohemia no publicó un solo artículo en ese año sobre esta justa. Así que si un medio público como esa revista, que ya en ese año aparecía bisemanalmente producto de las enormes dificultades económicas del momento, no publicaba, ni comentaba, poco popular se hacía un torneo con cuatro equipos sin dueños. Sí, sin dueños, ya que cada conjunto representaba no menos de tres provincias, donde nadie sabía quién se adjudicaba la sede.

Occidentales salió con deseos de triunfos y realmente los logró, aunque muy asediado por un conjunto Centrales que lo dio todo en pos del banderín. El dúo de los hermanos Linares fue factor de victoria con su ofensiva, unida a la de otros peloteros como José Estrada, Julio Germán Fernández, y el pitcheo de Liván Hernández, Omar Ajete y Jorge Antonio Martínez, mientras que Centrales, equipo con muchos integrantes del campeón Villa Clara y guiados por su mismo director, Pedro Jova, contó con el juego agresivo de su línea central, en este caso Jorge "Araña" Díaz, Eduardo Paret, Víctor Mesa y el receptor Ángel López, además del bateo de Jorge Luis Toca y Oscar Machado. Los caballos de batalla del pitcheo de Centrales fueron los derechos Rolando Arrojo y Eliécer Montes de Oca.

 La batalla fue sin tregua entre estos dos conjuntos, al extremo que Occidentales se llevó el triunfo con solo un juego de diferencia sobre Centrales.

Estado final de los equipos

Equipo	G	P	Pct.	Dif.
Occidentales	27	18	.600	-.-
Centrales	26	19	.578	1
Habana	19	26	.511	8
Orientales	18	27	.400	9

Líderes de bateo

C	46	**José Antonio Estrada**	Occidentales
H	70	**Juan Carlos Linares**	Occidentales
2B	13	**Pedro Luis Rodríguez**	Habana
3B	4	**Juan Padilla**	Habana
	4	**Jorge Díaz**	Centrales
HR	10	**Romelio Martínez**	Habana
CI	42	**Juan Carlos Linares**	Occidentales
BB	36	**Omar Linares**	Occidentales
BR	16	**Eduardo Paret**	Centrales
K	28	**Oscar Macías**	Habana
Ave.	.429	**Juan Carlos Linares**	Occidentales

El desenvolvimiento de los equipos Habana y Orientales fue realmente irregular. La ofensiva de Orientales lloraba por su ausencia, y su pitcheo era encabezado por el trabajo del futuro bigleaguer, el derecho Osvaldo Fernández Rodríguez, convertido entonces en uno de los mejores lanzadores en series nacionales. El Habana tuvo una buena ofensiva de parte del receptor Pedro Luis Rodríguez y el jardinero Romelio Martínez, quien esta vez lideró del departamento de jonrones de la justa.

Líderes en pitcheo

JL	16	**Carlos Yanes**	Occidentales
	16	**Miguel Pérez**	Orientales
JI	11	**Omar Ajete**	Occidentales
JC	5	**Rolando Arrojo**	Centrales
	5	**Liván Hernández**	Occidentales
Innings	68	**José Miguel Baez**	Orientales
SO	55	**Omar Ajete**	Occidentales
Lechadas	2	**Osvaldo Fernández Rodríguez**	Orientales
Ganados	7	**Omar Ajete**	Occidentales
Perdidos	5	Heriberto Collazo	Habana
		Pedro Luis Lazo	Occidentales
Salvados	10	**Carlos Yanes**	Occidentales
%Ganados	1000	**Jorge Antonio Martínez**	Occidentales
PCL	2.40	**Eliécer Montes de Oca**	Centrales

> *"La defensa es la clave para jugar el béisbol."*
> Willie Mays

Había concluido la XXXIV Serie Nacional con la tercera victoria consecutiva de Villa Clara y de su director, Pedro Jova. Nuevamente los favoritos fueron Occidentales y Centrales, aunque otros se inclinaban por Orientales y Habana. Realmente todos tenían peloteros para luchar por el banderín, el asunto era que esos atletas realmente quisieran dar batalla por lograr el triunfo. Lamentablemente, no estuvieron todos los que tenían que estar a diario. Hubo ausencias de peloteros y el torneo se volvió aburrido para algunos.

A continuación, las nóminas de la última selectiva cubana:

Occidentales
Director: Jorge Fuentes
Receptores: Lázaro Arturo Castro, Juan Manrique, Yosvani Madera, Pedro Luis Dueñas.
Cuadro: Julio Germán Fernández, Yobal Dueñas, Omar Linares, Alexander Ramos, Alberto Díaz, Eduardo Cárdenas, Reinier Capote, Raúl Ajete, Juan Carlos Moreno, Antonio Scull.
Jardineros: Juan Carlos Linares, José Estrada, Lázaro Junco, Lázaro Madera, Orlis Díaz, Daniel Lazo, Alberto Peraza, Dioel Reyes.
Lanzadores: Jorge Luis Valdés, Omar Ajete, Faustino Corrales, Carlos Yanes, Liván Hernández, Pedro Luis Lazo, Jesús Bosmenier, Lázaro Garro, Osvaldo Jiménez, Ariel Tapanes, José Ariel Contreras, Danilo Mesa, Rafael Delgado.

Habana
Director: Rigoberto Blanco
Receptores: Pedro Luis Rodríguez, Ricardo Miranda, Francisco Santiesteban, Iván Correa.

Cuadro: Jesús Ametler, Juan Carlos Millán, Juan Padilla, Germán Mesa, Oscar Macías, Andy Morales, Lázaro Vargas, Nataniel Reynoso, Armando Jiménez. .
Jardineros: Luis Ignacio González, Gerardo Miranda, Carlos Tabares, Javier Méndez, Romelio Martínez, Jorge Salfrán, Luis E. Piloto, Jorge García.
Lanzadores: Orlando Hernández, Lázaro Valle, Jorge Fumero, Larry Rodríguez, René Espín, Luis F. Díaz, Jorge Luis Machado, José Ibar, Vladimir Núñez, Ariel Prieto, René Espín, Luis A. González, José A. González, Juan P. Hecheverría, Carlos E. Rodríguez.

Centrales
Director: Pedro Jova
Receptores: Ángel López, José Raúl Delgado, Ariel Pestano, Héctor Rivero.
Cuadro: Lourdes Gurriel, Jorge Luis Toca, Leonel Moa, Luis Ulacia, Aldo Suárez del Villar, Jorge Díaz, Eduardo Paret, Miguel Caldés, Lázaro López, Rafael Orlando Acebey, Osmani García, Mario Vega.
Jardineros: Oscar Machado, Amado Zamora, Víctor Mesa, Michel Perdomo, Eddy Rojas, Iván Rojas, Osmani Santana.
Lanzadores: Rolando Arrojo, Omar Luis Martínez, Eliécer Montes de Oca, Teófilo Pérez, Adiel Palma, Ramón Gardón, Yosvani Aragón, Yosvani Pérez, Jesús Manso, Jorge Pérez, Dessy Lomba, Ariel Martínez.

Orientales
Director: Higinio Vélez
Receptores: Alberto Hernández, Luis E. Padró, Rolando Meriño, Vivier Anaya.
Cuadro: Orestes Kindelán, Pablo Bejerano, Antonio Pacheco, Gilberto Rodríguez, Manuel Benavides, Evenecer Godínez, Gabriel Pierre, Hermes Ortega, Orlando Jarrosay, Juan Pacheco.
Jardineros: Juan Carlos Bruzón, Rey Isaac, Ermidelio Urrutia, Fausto Álvarez, Leonel Bueno, Luis Rodríguez, Pablo Civil, Abeisy Pantoja.
Lanzadores: Ernesto Guevara Ramos, Osvaldo Fernández Rodríguez, Rubén Rodríguez, Misael López, Oscar Gil, Ormari Romero, Jorge

Tissert, Ciro Silvino Licea, José Miguel Báez, Osvaldo Duvergel, Jorge Ochoa, Miguel Pérez, Alexis Riera, Alfredo Fonseca.

Orientales vino nuevamente dirigido por Higinio Vélez y las cosas fueron muy diferentes a las vistas en la selectiva anterior. Este equipo vio como algunas de sus figuras jóvenes batallaban por lograr el triunfo, entre ellos sobresalió Rey Isaac, pelotero que en las dos anteriores selectivas había sido refuerzo de Centrales, y esta vez se coronó de campeón de bateo, con promedio por encima de .400. En ese empeño ofensivo, le acompañaron Fausto Álvarez, Gabriel Pierre y Manuel Benavides, mientras que en el pitcheo sobresalían los derechos Ormari Romero, Ernesto Guevara Ramos y el laborioso Alfredo Fonseca.

Estado final de los equipos

Equipo	G	P	Ave.	Dif.
Orientales	45 29	16	.644	-
Occidentales	44 26	18	.591	2.5
Habana	45 19	26	.422	10.0
Centrales	44 15	29	.341	13.5

Los Occidentales no dejaron de dar batalla, los pineros Orlis Díaz y Alexander Ramos encontraron lugar para destacarse y mostrar sus aptitudes para integrar futuros equipos Cuba. El pitcheo estuvo encabezado por las torres gemelas, José Ariel Contreras y Pedro Luis Lazo, pero siempre hay un vencedor y esta vez le tocó a Orientales, por segunda vez en las últimas tres series selectivas.

Del Habana no se puede hablar mucho, excepto de Romelio Martínez, quien nuevamente se coronó líder jonronero de la justa y por segunda ocasión consecutiva. En el pitcheo se destacó el trabajo de Lázaro Valle, caballo de batalla de este equipo.

La decepción fue el favorito Centrales, el que venía precedido de la victoria de Villa Clara en la serie nacional, además de un segundo lugar en la anterior selectiva, para esta vez caer a lo hondo del sótano.

Líderes de bateo

C	56	**Gabriel Pierre**	Orientales
H	72	**Alexander Ramos**	Occidentales
2B	19	**Fausto Alvárez**	Orientales
3B	6	**Orlis Luis Díaz**	Occidentales
HR	16	**Romelio Martínez**	Habana
CI	52	**Fausto Alvárez**	Orientales
BB	36	**Gabriel Pierre**	Orientales
	36	**Romelio Martínez**	Habana
BR	9	**Manuel Benavides**	Orientales
K	43	**Fausto Alvárez**	Orientales
Ave.	.424	**Rey Isaac**	Orientales

Como ya se dijo, muchos estelares estuvieron ausentes en este torneo. Unos por una causa, otros por otra, el caso es que algunos de los sembrados en el equipo nacional estuvieron ausentes. Si a eso se une la poca divulgación de esta serie- Bohemia, por ejemplo, solo publicó un artículo sobre la serie- pues es de pensar que las selectivas estaban agonizando.

El 12 de mayo de 1995, Bohemia publicó el único artículo sobre la selectiva, que se titulaba "Salvar la selectiva", escrito por el difunto Enrique Capetillo, quien con claridad expuso los problemas de las selectivas y avizoraba su desaparición si no se tomaban medidas para su salvación y mejoramiento. Lamentablemente, sus críticas cayeron en el saco del olvido y por ahí terminaron las selectivas.

Líderes en pitcheo

JL	15	**José Ariel Contreras**	Occidentales
JI	11	**Alfredo Fonseca**	Orientales
JC	6	**Lázaro Valle**	Habana
Innings	81.1	**Lázaro Valle**	Habana
SO	53	**Lázaro Valle**	Habana
Lechadas	1	**Jorge Luis Machado**	Habana
Ganados	6	**Ormari Romero**	Orientales
Perdidos	7	**Lázaro Valle**	Habana
Salvados	2	**Luis A. González**	Habana
%Ganados	1000	**Pedro Luis Lazo**	Occidentales
PCL	3.63	**Ernesto Guevara Ramos**	Orientales

Nadie puede decir que estos torneos desaparecieron por razones económicas, ya que hubo dinero para costear la siguiente serie nacional, que constó de 64 juegos en 1995-96. Sencillamente no se logró imprimir el verdadero entusiasmo a esas justas. Mucho perjudicaba el hecho de peloteros sembrados en las selecciones nacionales. Si cada cual hubiera visto que su selección para integrar el equipo Cuba dependía de lo que realizara al campo, entiéndase en la nacional y la selectiva, seguramente las cosas habrían sido distintas.

El propio Capetillo repetidamente criticó la situación de la disciplina de algunos peloteros y directores, ausencias a veces injustificadas, poco interés en determinados momentos de parte de algunos jugadores al campo.

No obstante, es injusto meter a todos en un mismo saco. La realidad es que por las selectivas pasaron peloteros de tremenda calidad, muchos de ellos habrían podido ser bigleaguers de haber jugado en el béisbol profesional estadounidense. Los nombres están ahí en las estadísticas de estas series, con ellos Cuba se daba el lujo de crear hasta dos fuertes escuadras, algunas de ellas jugaron a igual nivel contra profesionales mexicanos y venezolanos, y eran más las sonrisas que las malas caras terminados los partidos contra esos equipos.

Ernesto Guevara Ramos

Es igualmente justo destacar la labor de algunos directores exitosos, como fueron los casos de Jorge Fuentes al frente de Pinar del Río, quien se alzó con cinco Series, seguido de Higinio Vélez y Eduardo Martín Saura con 3 per cápita, mientras que José Miguel Pineda logró 2, además de haber dirigido a varios equipos en estas justas, como Pinar del Río, Agropecuarios y Habana.

Epílogo

La calidad del béisbol cubano es indudable, deporte tradicional, por lo que es menester de conducirlo por la ruta de la victoria, la que siempre le acompañó desde que el béisbol se estrenó en eventos regionales o internacionales.

Las selectivas cantaron el manisero de la misma forma que la transformaron varias veces, unas con 7 equipos, luego con 6, otras de 8 y finalmente minimizadas a cuatro. Los cambios eran en muchos casos necesarios. Mantener a un equipo Orientales, cuya integración era a base de cinco equipos de series nacionales no era muy lógico, lo mismo que pasaba en el territorio que ocupaba la antigua provincia Habana incluida la capital. Desde ese punto de vista 8 conjuntos era una opción razonable.

Las selectivas desaparecieron sin razón real. Si era una cuestión económica, entonces había que sacar cuenta que una serie nacional, la que conlleva gastos de transporte y alimentación de peloteros de todas las provincias del país, era menos factible económicamente que mantener a la serie selectiva con 8 equipos.

En 1995 se le dio el adiós y luego se hablaba de reactivarlas, pero ya no era lo mismo. Convertir las selectivas en un evento de verano no parece acertado.

Estas series fueron un paso en el desarrollo de muchos peloteros cubanos, a su vez fue un espectáculo muy disfrutado por la afición cubana, cuyo interés es cierto que decayó bastante con las últimas tres series y la última estructura adoptada.

En el caso de este autor, se puede terminar recordando un bonito pensamiento de una persona anónima: *"Cuando lo que amamos se va, pasa de vivir entre nosotros a vivir en nosotros."*

Equipos y directores vencedores en Series Selectivas

Selectiva	Equipos	Directores
I-1975	Oriente	**José Carrillo**
II-1976	Habana	**Roberto Ledo**
III-1977	Camagüeyanos	**Carlos Gómez**
IV-1978	Las Villas	**Eduardo Martín**
V-1979	Pinar del Río	**José Miguel Pineda**
VI-1980	Pinar del Río	**José Miguel Pineda**
VII-1981	Orientales	**Carlos Martí**
VIII-1982	Pinar del Río	**Jorge Fuentes**
IX-1983	Las Villas	**Eduardo Martín**
X-1984	Pinar del Río	**Jorge Fuentes**
XI-1985	Las Villas	**Eduardo Martín**
XII-1986	Serranos	**Franger Reynaldo**
XIII-1987	Serranos	**Higinio Vélez**
XIV-1988	Pinar del Río	**Jorge Fuentes**
XV-1989	Las Villas	**Carlos Triana**
XVI- 1990	Ciudad Habana	**Servio Borges**
XVII-1991	Pinar del Río	**Jorge Fuentes**
XVIII-1992	Serranos	**Higinio Vélez**
XIX-1993	Orientales	**Franger Reynaldo**
XX-1994	Occidentales	**Jorge Fuentes**
XXI-1995	Orientales	**Higinio Vélez**

Récords en Series Selectivas

Bateo

C	72	**Eddy Rojas**	Las Villas	1989
H	100	**Eddy Rojas**	Las Villas	1989
Dobles	28	**Gabriel Pierre**	Serranos	1989
Triples	9	**Luis Crespo**	Pinar del Río	1979
		Evenecer Godínez	Serranos	1986
Jonrones	30	**Orestes Kindelán**	Serranos	1986
Carreras impulsadas	84	**Orestes Kindelán**	Serranos	1986
Bases robadas	52	**Víctor Mesa**	Las Villas	1991
Bases por bolas		**Omar Linares**	Pinar del Río	
Bases intencionales	15	**Orestes Kindelán**	Serranos	1986
Ponches	66	**Leonel Moa**	Camagüeyanos	1990
Fly de sacrificio	10	**Pedro J. Rodríguez**	Las Villas	1980
Pelotazos recibidos	16	**Pedro J. Rodríguez**	Las Villas	1978
Slugging	.806	**Omar Linares**	Pinar del Río	1992
Promedio ofensivo	.459	**Héctor Olivera**	Las Villas	1980

Pitcheo

JL	32	**Enrique Cutiño**	Serranos	1987
JC	17	**Luis Tissert**	Serranos	1987
Salvados	11	**Euclides Rojas**	C. Habana	1989
Lechadas	6	**Omar Carrero**	Camagüey	1976
Ganados	14	**Omar Ajete**	P. del Río	1990
Entradas lanzadas	169	**Luis Tissert**	Serranos	1987
Ponches	122	**Rogelio García**	P. del Río	1977
Pelotazos	13	**Osvaldo Duvergel**	Serranos	1988 y 1992
PCL	0.68	**Omar Carrero**	Camagüey	1976
%G/P	1000	**Lázaro Valle**	C. Habana	1989

- Palco 211 y otras secciones deportivas, escritas por Enrique Capetillo de la revista Bohemia desde 1975 a 1992.
- Diario Granma, deportes, casi siempre el número de la fecha inmediata posterior al inicio de cada serie selectiva.
- https://desdemipalcodefanatico.wordpress.com/ sitio web de Rogério Manzano.
- Guías de béisbol.
- Archivo personal del autor.